和美乡村建设
浙江路径探索

余建忠　董翊明　庞海峰◎著

中国建筑工业出版社

前　言

　　"望得见山，看得见水，记得住乡愁。"乡村，是中华民族的精神家园，也寄托着中国人民的美好情怀。中国自古以农立国，民众聚族而居，所以古代中国的大多数聚落是以血缘与地缘相结合的乡村聚落。在中华民族 7000 多年的农耕文明历史中，孕育了无数的乡村聚落，并从最原始的聚落，逐渐形成了千姿百态的传统村落和缤纷多彩的民族文化。每一个传统的乡村聚落都是一个基本的社会单元、生活家园，是中华文明重要的文化宝藏、博物馆、活化石，是传承优秀传统文化的真实载体。乡村聚落拥有天然的社区属性，而当今乡村的衰落也反映出乡村内部社区结构的衰败和活力的丧失。

　　乡村振兴的本质是挖掘乡村价值，包括经济价值、生态价值、文化价值、生活价值和治理价值，实现农业农村现代化。实施乡村振兴战略，就是要以生态文明理念为指导，以文化引领为导向，以高品质发展为准则，以壮大集体经济为牵引，以实现共同富裕为追求，系统调整乡村经济、社会、文化和产业结构的"新发展路径"，建设宜居宜业和美乡村。

　　为进一步缩小城乡发展差距、提升乡村地区活力，浙江省委省政府于 2003 年作出了开展"千村示范、万村整治"工程（以下简称"千万工程"）的战略部署，以农村生产、生活、生态的"三生"环境改善为重点，开启了以改善农村生态环境、提高农民生活品质为核心的村庄整治建设大行动，推进了生态人居建设、生态环境提升、生态经济发展、生态文化培育四大任务。20 年来，浙江省的"千万工程"不仅经历了示范引领、整体推进、创新探索、深化提升、迭代升级等不同阶段的演变，也造就了万千美丽乡村，引领浙江山乡巨变，带动浙江乡村人居环境整体水平领先全国，更被联合国授予"地球卫士奖"中的"激励与行动奖"。"千万工程"也为浙江高质量发展建设共同富裕示范区打下了扎实基础。

淳安县下姜村、安吉县余村等村庄从贫困的偏僻山村蝶变为令人瞩目的明星村，虽然各自的发展路径、自身环境条件迥异，却有着相似的特征：乡村原居民紧密地凝聚在一起，形成自我组织、管理的治理结构；村民自主经营村庄，乡村内部力量勃发，内生的社区力量成为驱动整个乡村振兴的坚实动能。其中，乡村规划设计的推动作用与乡村规划师的角色定位也发生了根本性改变，从尊重乡村村民主体转向协力乡村社区组织，构架起"乡村规划—产业发展—社区营造"三位一体的乡村规划体系。乡村规划师摒弃"为乡村提供理想的愿景蓝图"的态度，转变为"为乡村提供健康的发展土壤"。这一过程中，乡村规划设计不再只是空间资源调配的图纸，而更多成为塑造乡村地域风貌特色和引导乡村社区意识的工具。

为系统总结新时代浙江美丽乡村建设的探索路径，本书作者结合浙江 20 年来从"千万工程"到"美丽乡村"的建设实践，深入剖析其背后的"乡建之道"与"营造之术"，有针对性地提炼出简明易懂的乡村规划设计技术方法和乡村营造要求，以求打造城乡融合、乡村振兴的中国式现代化浙江样板，同时也为全面推进宜居宜业和美乡村建设提供借鉴。在全面梳理总结近年来完成的省部级、市厅级相关课题，如浙江省新时代美丽乡村建设指南、农业农村优先发展体制机制和政策体系研究、浙江省乡村地域风貌特色塑造技术指南、浙派民居风貌塑造技术指南、浙江省改善农村人居环境规划、浙江省域历史文化（传统）村落保护发展规划、浙江省村庄规划编制导则研究、村庄设计典型案例研究等课题的基础上，以"和美乡村建设的浙江路径探索"为主线，坚持系统梳理、经验总结与典型案例相结合，最终完成本书创作。

希望本书不仅能为乡村一线干部提供"看图说话"式的指导，更能助力美丽乡村建设管理水平的提升。需要特别指出的是，本书中所选用的图片仅是作为"推荐样式""允许样式""不推荐样式"

的示意参考，绝不能照搬照抄。各地在参照使用本书时应根据当地实际因地制宜，力求彰显个性特色，防止千村一面。

本书主要内容分为 10 章，即国内外乡村建设的研究实践评述，浙江美丽乡村的发展历程审视、格局特征识别、内生发展之道，浙江乡村地域风貌特色塑造，浙江乡村人居环境营造，浙江历史文化（传统）村落保护发展，国土空间规划体系下的村庄设计，新时代美丽乡村建设，浙江乡村"道术融合"的建议。

目 录

第一章

国内外乡村建设的研究实践评述

第一节 乡村的概念界定

一、学术内涵

乡村是居民以农业作为经济活动基本内容的一类聚落的总称，一般是指以从事农业活动的农业人口为主的聚落，表现出农业、农村和农民的人文活动特征。乡村一般风景宜人，空气清新，较适合人群居住，民风淳朴，以从事农业生产活动为主。

国内外对乡村概念的理解和划分标准不尽相同，一般认为乡村的人口密度低，聚居规模较小，以农业生产为主要经济基础，社会结构相对较简单、类同，居民生活方式及景观上与城市有着明显差异等。

在我国，乡村和城市构成了截然不同的地域单元和社会生活方式。从行政学角度解释，乡村可分为自然村和行政村。自然村是村落实体，行政村是行政实体。一个大自然村可设几个行政村，一个行政村也可以包含几个小自然村。从生态学角度解释，乡村指人口在空间上的分布状况，指的是单个聚落人口规模较小的地方，这些聚落之间则是较大的开敞地带。

二、概念外延

不同部门对于乡村虽然有各自的概念解释，但都以体现示范引领、分级创建为原则，引领地方因地制宜开展各级创建示范活动，以期形成上下联动、分级创建的良好局面，探索形成可学习、可借鉴、可持续、可推广的经验做法，以示范创建带动整体提升。自然资源部门以集聚建设村、整治提升村、城郊融合村、特色保护村和搬迁撤并村五大类乡村为主。住房城乡建设部门以历史文化名村、传统村落、美丽宜居示范村、浙派民居试点村和农房设计试点村五大类乡村为主。其中，美丽宜居村庄以行政村为单位，通过创建示范达到环境优美、生活宜居、治理有效等要求，与全面推进乡村振兴的要求相适应。美丽宜居村庄创建示范标准根据乡村振兴工作要求和示范推进实践效果进行动态调整。农业农村部门以历史文化村落、美丽乡村达标村、精品村和特色精品村以及未来乡村三大类乡村为主。文旅部门以3A级景区村庄、2A级景区村庄、A级景区村庄三大类乡村为主（图1-1）。

图 1-1　乡村概念外延

第二节　乡村的研究述评

一、国外研究述评

与我国相比，国外开展美丽乡村建设的研究更早，相应的研究成果也比较完善。针对美丽乡村建设，2010 年美国学者 R.D. 罗德菲尔德（R.D.Rodefeld）进一步指出其相关概念以及影响发展的因素。其中对于乡村这一内涵的界定作了明确阐述，指出其远离市区，人口比较稀薄，主要经营第一产业，在生存方式上没有较大区别，但与城市之间有着较为显著的差异。2012 年，李（Li）的研究更加强调地方政府的作用，同时指出企业与农民间的联系、基础设施的构建、地方文化特色以及生态环境建设等也会产生比较大的影响。

关于乡村建设的模式，众多学者也进行了相关的研究。2013 年，针对乡村旅游业的发展，特诺克（Turnock D.）明确提出要想实现其可持续发展，需要从以下几个方面加以改善，即在初步发展的时候获得足够的财政支持，以及在管理上能够有合理制度作为依据，包括地区资源能够进行共享等。

针对乡村建设的可持续发展，2014 年，杰里米（Jeremy）借助地理学理论以及相应的生态学方法，针对乡村生态资源开展研究。针对乡村旅游建设，2015 年也有学者进一步指出公民的参与程度以及地方的有效控制存在的价值。总之，对于不同的国家，在进行乡村建设时，都是借助不同的发展模式开展相关研究。

二、国内研究述评

（一）中国先秦诸子百家的多元哲学思想

我国的乡村建设研究需要从社会文化源头进行分析。中国先秦诸子百家主要从人与自然、人与人的关系等角度，对乡村聚落的发展规律与载体进行了论述。据《汉书·艺文志》记载，虽经历了上千家学说的思想碰撞，但最终发展成学说的只有"九流十家"。其中，儒家提出的"礼、义、仁、智、信"五德理念，是中国传统文化的核心理念，"礼"指由于道德观念和风俗习惯而形成的礼节，"义"指公正合宜的道理或举动，"仁"指以天性善良的心来为人处世，"智"指具有知万物阴阳之变化的智慧或智谋，"信"指诚实不欺骗的品格。不难发现，中国传统文化的核心在于"德（礼、义、仁、信）才（智）兼备"，这为乡村地域"乡土风貌与乡土风俗"同步传承提供了哲学思想依据。

（二）中华传统文化核心理念中"道"与"器"的关系

"道"与"器"的外生关系。中华传统文化"德才兼备"核心理念的背后，不仅是"道"与"器"的统筹兼顾，更是易学和道家哲学中"形而上，形而下"的辩证统一。由此，"道"与"器"的外生关系可延展为"道、德、法，技、术、器"。"道"乃天道、天命、万物运行之自然规律，如儒家中庸所言"天命之谓性，率性之谓道"，道家老子所谓"人法地，地法天，天法道，道法自然"，或亦谓之"道生一，一生二，二生三，三生万物"，强调道乃至高无上之准则，万物皆变，但变的规律是永恒的，此乃道也；"德"即儒释道均认可的"厚德载物""为政以德""仁义道德"等，是道德品行；"法"乃方法、制度、人为制定的社会规则，"法"服务于"道"，是实现"道"的途径和法则，即法家推崇的"不别亲疏，不殊贵贱，一断于法"，是体现统治阶段意志、国家制定颁布的公民必须遵守的行为规则。"技"是技艺与技术，或是赖以谋生的手艺，正如《书·泰誓下》所谓的"奇技淫巧"，显然是形而下的；"术"是方法，是谋略，所谓"道为本，术为用"，小成靠术，中成依法，大成依道；"器"是指有形的物质或有形的工具，《说文》提出"器乃凡器统称"，是用具的总称。从万物联系的视角来看，一个事物若要繁荣，需借助"无形的道"（道、德、法）与"有形的器"（技、术、器）的"共鸣"，达到"取势、明道、优术"的辩证统一。

"道"与"器"的内生关系。自唐宋以来，对"道"与"器"内生关系的争论从未停止过，也可引申为哲学上"一般和个别"问题的争论。正如《周易·系辞上》"形而上者谓之道，形而下者谓之器"的描述，"道"指无形抽象的规律，称为"形而上"，如"一阴一阳之谓道"等；"器"指有形具体的存在，称为"形而下"，如"备物致用，立成器以为天下利"等。但在"先有道还是先有器"这个问题上，唯物主义者和唯心主义者还未达成共识，主流观点是"一般"的道不能脱离"个别"的器而存在。这也阐明了"规律之道"不能脱离"空间之器"而存在，只有践行"大道之行，天下为公"之道，才能实现"安居乐业，大同小康"之器。

（三）美丽乡村营造的"道"与"器"三重境界

乡村聚落是人类最早的聚居地与中华文明的发源地，从"道"与"器"的哲学思想源头出发，美丽乡村营造也可分为"道法自然""中庸之道"和"道以载器，器以载道"三重境界（图1-2）。

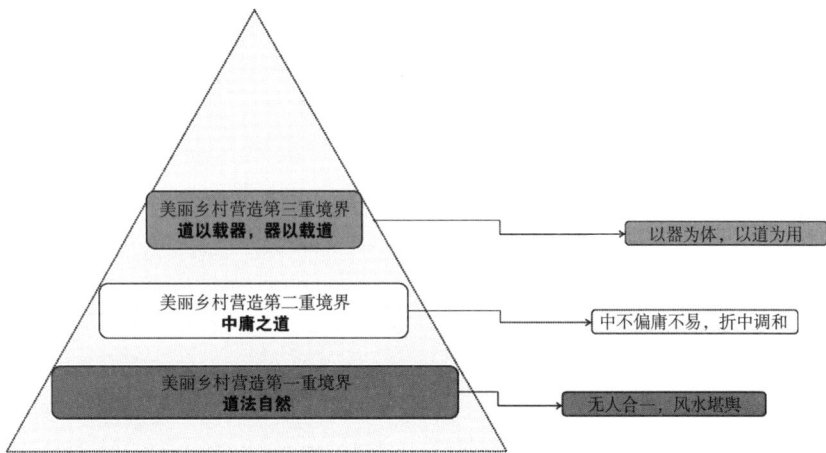

图1-2 美丽乡村营造的"道"与"器"三重境界

1."道法自然"的第一重境界。乡村"道法自然"的第一重境界有"天人合一"之意，即"人法地，地法天，天法道，道法自然"，如控制人口的明堂模式，实现顺其自然地发展；也有"风水堪舆"之念，即"适形，理山，理水"，如合乎风水的选址模式，打造"从地里长出来的村庄"。第一重境界是乡村发展的最基本要求，也是从乡村有形之"器"中提炼无形之"道"的第一步。

2."中庸之道"的第二重境界。乡村"中庸之道"的第二重境界与《论语·庸也》"中庸之为德也，其至矣乎"一致，包含三层含义：一是"中不偏，庸不易"，指乡村"发展之器"不偏离"传统之道"的目标与主张；二是"不偏不倚，折中调和，天下之中正"，指乡村的"道与器"实现"和谐中庸"，保持中正平和；三是"中好庸用"，指发挥乡村"道与器"保持和谐关系，并发挥"1+1>2"中用的实效。第二重境界是乡村发展的提升要求，也是乡村有形之"器"与无形之"道"逐步融合的第二步。

3."道以载器，器以载道"的第三重境界。乡村"道以载器，器以载道"的第三重境界，有"道非器不形，器非道不立，统一乎一形"之意，即乡村实体之"器"要体现乡建规律之"道"的内涵，乡建规律之"道"要通过乡村实体之"器"推广，最终实现"以器为体，以道为用"。第三重境界是乡村发展的最高要求与最终归宿，也是乡村"道器合一"的第三步。

（四）美丽乡村营造的近现代研究

至近现代时期，我国有关乡村建设方面的研究更是层出不穷。因乡村建设概念范围广，对中国乡村建设方面的研究主要集中在四方面：一是乡村与乡村建设（概念与分类）；二是乡村建设的发展模式及空间格局演变；三是乡村建设的动力机制与影响因素；四是乡村建设的绩效评价方法及成果。

第三节　乡村的实践述评

一、国外实践述评

相比理论研究，国外的研究更加注重实践，例如德国的"村庄更新"、日本的"造村运动"、韩国的"新村运动"，以及其他国家具有自身独到的乡建模式。

基于各国不同的国情、经济社会背景和国家发展条件等影响因素，以西欧、北美和东亚为代表的发达国家的乡村发展历程及乡村建设模式各不相同。各国在乡村建设上并没有固定的发展模式和统一的时间表。若要走出一条合理的乡村建设道路，只能基于本国现有条件，借鉴他国经验，形成自身相对独特的乡村建设路径与模式。

以英国、德国为代表的西欧地区，在乡村建设中始终将乡村放在第一位。通过乡村土地整理，对传统乡村进行不断改造和提升，通过在乡村居民点建设基础设施和公共服务设施来实现乡村的功能复兴，让农民在农村既能享受与城市一样的生活条件，又拥有比城市更为优美、更为生态的自然景观。其乡村功能复兴产生于第二次世界大战以后的高度城镇化阶段。

以美国为代表的北美地区，属于典型的工业化带动农业发展的乡村建设模式。它与西欧最大的区别则是在乡村建设中主要以城市或城镇为中心，通过在郊区化的"空地"上进行"新城开发"来发展乡村地区。其城市蔓延、生态环境污染、乡村地区可持续发展将成为急需解决的问题，并从城乡空间统筹角度研究都市边缘地带的建设控制和整合问题。

以日本为代表的东亚地区，属于典型人多地少的国情，并以农耕传统以及家族式、小规模的农田持有和农业生产方式为特点。其中，日本在乡村建设中注重以人为本，将农民作为乡村建设的主体，直接受益者也是农民。其乡村建设是由农民自发组织兴起的"自下而上"的发展模式，政府为乡村建设做引导工作，且为农民提供技术、资金等支持，将农村建设的主动权和选择权全部交由农民，以此发挥农民的主体地位，并激发他们的积极性和创造性，真正让农民实现自我管理和服务。

二、国内实践述评

近现代中国乡村建设实践发展历程，大致可划分为近代前乡村建设（1911年之前）、民国时期乡村建设（1912—1949年）、中华人民共和国成立后到改革开放前的乡村建设（1949—1978年）、改革开放以来的乡村建设（1978年至今）四个时期，形成了具有中国特色、体现中国风格的乡村发展实践模式。从近代前的农业社会所呈现的长期的、典型的、"自组织""乡绅"式乡村建设模式，到民国时期"乡村自治"、精英主导的"邹平模式""定县模式""北碚模式""无锡模式"等；从新中国成立初期关注农民集体化、农业基础设施建设、乡村基础教育制度、乡村合作医疗制度等的"乡村社会主义改造"式乡村建设，到新时期城乡统筹背景下关注产业、基础设施建设、体制机制等八个方面的"社会主义新农村"发展战略，以及发展现代农业、农村公共事业等，乡村建设逐渐成为国家发展的焦点，乡村建设实践也已经积累了不少经验。典型案例包括：江西赣州新农村建设、浙江"千村示范、万村整治"工程、海南省文明生态村建设以及苏南乡村现代化实践等。

浙江省作为乡村建设的前沿阵地，也是通过改革开放使广大农民率先富裕起来的先进地区。2003 年，浙江省委省政府按照统筹城乡发展的新理念、顺应农民群众的新期盼，作出了实施"千村示范、万村整治"工程的重大决策。时任浙江省委书记习近平同志深入基层调研，谋划总体布局，进行工作部署。在此基础上，2010 年浙江省委、省政府进一步作出了推进"美丽乡村"建设的决策部署。浙江在经历了村庄环境整治以后，以安吉县为典型率先公布了美丽乡村建设的战略规划，并提出"规划、村容、创收、乡风"的"四美"要求。2014 年，在总结提炼安吉县美丽乡村建设成功经验的基础上，浙江省正式发布实施了《美丽乡村建设规范》DB33/T 912—2014，这也是我国首个美丽乡村建设标准。2019 年发布了《新时代美丽乡村建设规范》DB33/T 912—2019，在生态优良、村庄宜居、经济发展、服务配套、民生保障和治理有效六个方面设置了 100 余项指标要求，新增垃圾分类、数字乡村、就业服务等内容。"千万工程"实施 20 年来，久久为功，坚持不懈，浙江始终站在"城乡一体化发展""全面建成小康社会"的高度主动谋划美丽乡村建设，以"千万工程"为突破口，沿着"生态环境建设—绿色浙江建设—生态浙江建设"的主线，不断充实、丰富其内涵。随着近年来深化"千万工程"、美丽乡村建设、历史文化名村与传统村落保护、农房改造示范村建设、美丽宜居示范村创建等工作的展开，浙江美丽乡村建设的实践更为细化。

第四节　乡村的未来研判

一、乡村演进的新趋势

（一）农业现代化

当前农业农村以实现现代化为目标导向，是中国式现代化、共同富裕和乡村振兴的关键支撑。未来农业现代化的发展趋势是要在设施现代化、产业现代化、新型农业主体等方面力求实现重大突破。如 2022 年中央一号文件重点强调要大力推进种源等农业关键核心技术攻关，提升农机装备研发应用水平，加快大马力机械、丘陵山区和设施园艺小型机械、高端智能机械研发制造；加快发展设施农业，在保护生态环境基础上，探索利用可开发的空闲地、废弃地发展设施农业；持续推进农村第一、第二、第三产业融合发展，大力发展县域富民产业。

（二）农业数字化

农业生产生活数字化建设加速，新冠疫情使农村电商的作用更加凸显。据农业农村部统计，当前我国电商服务站行政村覆盖率在八成左右，县域农产品网络零售额超过 3000 亿元，增长迅速。相关研究显示，2021 年淘宝村数量已经突破 7000 个。乡村振兴的全面推进会加速数字技术的普及和下沉，加快实现乡村产业的数字化。在智慧农业领域，农业生产数字化方兴未艾，单品大数据，如油料、天然橡胶、棉花、大豆等产品全产业链建设已经起步，大数据系统应用领域不断扩展。

（三）农民流动化

城市化发展促进了城市产业结构优化，同时也加速了一二线城市郊区农业人口向非农业人口的转变。根据 2020 年我国第七次全国人口普查结果，全国人口中，居住在城镇的人口为 901991162 人，占 63.89%（2020 年我国户籍人口城镇化率为 45.4%）；居住在乡村的人口为 509787562 人，占 36.11%。与 2010 年第六次全国人口普查数据相比，城镇人口增加 236415856 人，乡村人口减少 164361984 人，城镇人口比重上升 14.21 个百分点。城乡之间的"钟摆式"流动和流动半径缩小是农村劳动力流动的典型特征。未来人口结构变化将会深刻影响农村劳动力供给，县域将是农村劳动力就业的主战场。实现农村劳动力有序流动要顺应农村劳动力转移的客观规律，坚持渐进性户籍制度改革思路，加大对农村劳动力人力资本投资和加快构建统一开放、竞争有序的城乡劳动力市场。

（四）农村集群化

培育农业产业集群是乡村振兴高质量发展的关键。多地推动产业形态从"小特色"向"大产业"迈进，空间布局由"平面分布"转型为"集群发展"，抱团发展，龙头带动，寻求农业产业化发展新方向。整合地域多方资源，不断扩大农业产业强镇规模，发挥乡镇上联城市、下接乡村的纽带作用，推动乡村产业融合。

二、乡村承担的新使命

（一）保障粮食与生态安全

乡村是保障粮食安全的主要空间。小城镇居民对良田美景、自然生长、优美山水的"乡村印象"有着高度的认可和深厚的精神寄托，未来应注重农业空间保护，让乡愁情怀在"乡村生活"中释放。乡村是保障生态安全的主要空间。乡村有着与生俱来的优势，既有独特的安逸性、独立性、和谐性，天人合一，又有绿色生态、低成本优势，与人类发展长远目标相一致，而这也是城市天然不具备的。未来应更加注重城乡生态环境保护，保障我国粮食与生态安全。

（二）引领劳动力流动与就地城镇化

乡村是调蓄城乡融合发展的稳定器。乡村振兴战略有利于建立健全城乡要素平等交换、双向流动的政策体系，促进要素更多向乡村流动，增强农业农村发展活力。特大城市和中小城市资源向周边乡村溢出效应明显，使城镇周边的乡村地区呈现出城市化和非城市化两种发展趋势。经济发达地区的乡村通过承接外溢的城市资源要素，在促进城市实现发展转型的同时也解决了乡村振兴所必须的人才要素和资源缺口问题，缓解了传统城镇化模式下的城乡失衡问题，满足了绝大多数普通农民相对较低预期的城镇化生活需要。

（三）激活产业内需与共同富裕

乡村拥有灵活的产业基础。大中城市周边乡村立足自身优势，采取自主经营、出租、入股等方式，利用区位等优势，通过发展文化服务、管理服务、物流经济等服务业，盘活闲置的建设用地、宅基地、农房以及旧办公楼等存量资产。特色产业的发展让农民更多地参与产业链分工，并将更多增值收益留给农民。乡村是共同富裕基本单元的重要组成。浙江在乡村振兴中涌现出许多优秀的共富典型，比如淳安县下姜村、奉化区滕头村、安吉县余村和鲁家村，以特色产业发展带动当地百姓富裕。同时在政府引导、市场主导下，每个明星村、富裕村带动周边乡村，形成集群化抱团发展的模式。

（四）创新三权改革与基层治理

在百年未有的大变局中，乡村已成为基层治理的最基本单元，也是基层规划、建设、管理矛盾汇集的最集中单元之一。近年来，随着浙江推进基层治理体系和治理能力现代化建设的深入，逐步形成了百姓安居、产业兴旺、乡风文明的崭新面貌。乡村作为城乡社区现代化建设的主战场之一，需高效推动乡村基层党组织领导下的"多网合一"，把城乡社区内的党建和政法综合治理、民政、城管、市场监管等各类网格整合成"一张网"，提升基层治理体系和治理能力现代化建设水平。

三、乡村面临的新挑战

（一）农业长期性抛荒

农田长期闲置、农业产出低效、产业业态雷同等问题造成农民收入水平依然偏低，持续增长困难较大。近5年农村居民收入增长速度总体趋于稳定并有提升，但收入整体水平仍然偏低。受宏观经济波动、新冠疫情等因素的影响，农民持续增收的不确定性增大。在农民增收问题中，最突出的短板是农民经营性收入总量偏低，最大的挑战是农民工资性收入增速放缓，最现实的难题是财政减收下稳定农民转移性收入。

（二）农村建设性破坏

农村人居环境与群众的期盼仍有距离，乡村生态破坏与环境污染的风险增大。乡村振兴，生态宜居是关键。近些年农村人居环境整治提升行动取得积极成效，但环境污染、风貌杂糅、品质低下、危房隐患等问题并未完全消除，规划仍存在滞后性，环境基础设施薄弱，污染防治运转机制、投入机制等尚未健全，影响农民的生活品质。农村区域发展不平衡问题仍突出，尤其表现在农村居民收入与消费难以提升、公共服务供给和农村基础设施欠账等方面。

（三）农民单向性流失

乡村人才资源流失现象普遍存在。一是乡村本土人才流失。受到生长环境的制约，土生土长的乡村青年在外出务工或者在城市进一步提升学历完成学业后，希望能够留在城市里，找到收入高、条件好、有社会保障的工作，特别是新生代进城务工人员与老一代进城务工人员相比，工资福利待遇明显提升。二是外来人才外流的现象。国家高度重视乡村人才资源的建设问题，通过大学生村官、特岗教师、"三支一扶"等政策，鼓励大学生扎根乡村建设，培养乡村建设和服务的储备人才。但是众多大学生将在乡村工作的经历看作是个人职业发展的过渡和跳板，尽管一些用人单位为了留住人才提供了优越的条件，但是由于乡村基层环境较差、工作条件艰苦、生活条件困难，在服务期满后，很多大学生由于个人晋升、工资收入、生活需求等原因离开乡村，造成了人才留不住的局面。

第二章

浙江美丽乡村的发展历程审视

第一节　发展历程

一、发展阶段

浙江省村庄规划设计经历了"千万工程—美丽乡村"两时期五阶段：

（一）示范引领阶段（2003—2007年）

2003年6月，在时任浙江省委书记习近平同志的倡导和主持下，以农村生产、生活、生态的"三生"环境改善为重点，浙江在全省启动"千万工程"，开启了以改善农村生态环境、提高农民生活质量为核心的村庄整治建设大行动。习近平同志亲自部署，目标是花5年时间，从全省4万个村庄中选择1万个左右的行政村进行全面整治，把其中1000个左右的中心村建成全面小康示范村。

该阶段以村庄整治的形式进行示范引领，主要载体为村庄整治规划，将乡村分为示范村和整治村。对于示范村，加强基层组织建设，加快发展集体经济，丰富群众精神文明，实施村庄环境整治（布局优化、道路硬化、村庄绿化、路灯亮化、卫生洁化、河道净化）。对于整治村，提升环境整治、配套设施和空间布局。

（二）整体推进阶段（2008—2010年）

该阶段是向乡村环境治理整体推进的阶段，主要载体为建筑风貌、公共空间、环境小品整治，使全省绝大部分村庄环境得到较好整治，农村基础设施得到显著改善，城乡之间在人居环境、基础设施、公共服务、社会事业等方面的差距明显缩小。

其中提出十点要求：提升农村道路建设水平；切实解决农民安全饮水问题；推行农村垃圾集中收集处理；开展农村卫生改厕；开展农村生活污水治理；治理农村河道池塘水沟；提高农村住房抗灾避灾能力；推进农村信息化、电气化建设；提高村庄绿化水平；建设农村新社区。

（三）创新探索阶段（2011—2015年）

该阶段是依托美丽乡村建设进行创新探索的阶段，主要载体为美丽宜居示范村、传统村落、中心村规划等。

该阶段目标是到 2015 年，力争全省 70% 左右县（市、区）达到美丽乡村建设工作要求，60% 以上的乡镇开展整乡整镇美丽乡村建设。重点采取四方面策略：实施"生态人居建设行动"，推进农村人口集聚、生态家园建设、基础设施配套；实施"生态环境提升行动"，完善农村环保设施，推广农村节能节材技术，推进农村人居环境连线成片综合整治，开展村庄绿化美化，建立卫生长效管护制度；实施"生态经济推进行动"，发展乡村生态农业、乡村生态旅游业、乡村低耗能和低排放工业；实施"生态文化培育行动"，培育特色文化村，开展宣传教育，转变生活方式，促进乡村社会和谐。

（四）深化提升阶段（2016—2019 年）

该阶段是依托美丽乡村升级版的深化提升阶段，主要载体为大量村庄设计落地实践。

阶段目标是全省要力争建成 1000 个左右规划设计一流、质量安全一流、风貌特色一流、生态环境一流、社区管理一流的农房改造建设示范村。加强规划引领，高起点、高标准、高质量编制修编农房改造建设示范村规划；改善人居环境，继续加强农村基础设施和公共服务设施配套建设；提升建设品质，突出地域特色、生态特色、人文特色；严格建设管理，确保各项政策措施落到实处，建设过程合法合规；增强发展能力，将农房改造建设示范村工程与村庄产业发展同步规划、同步实施、同步推进。

（五）迭代升级阶段（2020 年至今）

该阶段以村庄整治的形式进行示范引领，建设宜居宜业和美乡村，即放大原生态乡村魅力，致力留住乡风、乡韵、乡愁，体现出乡村内在的和谐、内在的美，提升村民的幸福感、满足感、获得感。

该阶段注重从局部整治向乡村环境治理，整体推进《关于实施"千村示范、万村整治"工程的通知》《关于深入实施"千村示范、万村整治"工程的意见》；该阶段注重依托美丽乡村建设创新探索，实施《浙江省美丽乡村建设行动计划（2011—2015 年）》；该阶段注重美丽乡村升级版深化提升，落实《浙江省深化美丽乡村建设行动计划（2016—2020 年）》；该阶段注重依托未来乡村建设助推美丽乡村迭代升级，推广《浙江省深化"千万工程"建设新时代美丽乡村行动计划（2021—2025 年）》《关于开展未来乡村建设的指导意见（2022 年）》。

二、浙江美丽乡村特色经验

浙江美丽乡村营造经历了"千村示范、万村整治——美丽乡村建设行动——农村人居环境改善建设示范"三大阶段，从广义的视角看也可分为"雏形期（以村容整治为主）—成长期（以产业培育为主）—成熟期（以品牌打造为主）"三大阶段。美丽乡村试点期间成效显著，完成了上万个村的环境整治，行政村生活垃圾集中处理覆盖率达 93%，生活污水治理覆盖率达 63%，极大改善了生产、生活、生态条件，成为全国学习的样板。

（一）补齐环境短板

浙江从广大农民渴望改善生活环境的需求出发，提炼了"环境美、人居美、经济美、文化美"的美丽乡村内涵，谋划了"生态环境提升、生态人居改善、生态经济推进、生态文化培育"四大工程（图2-1），并以农村垃圾与污水处理等设施短板为突破口，

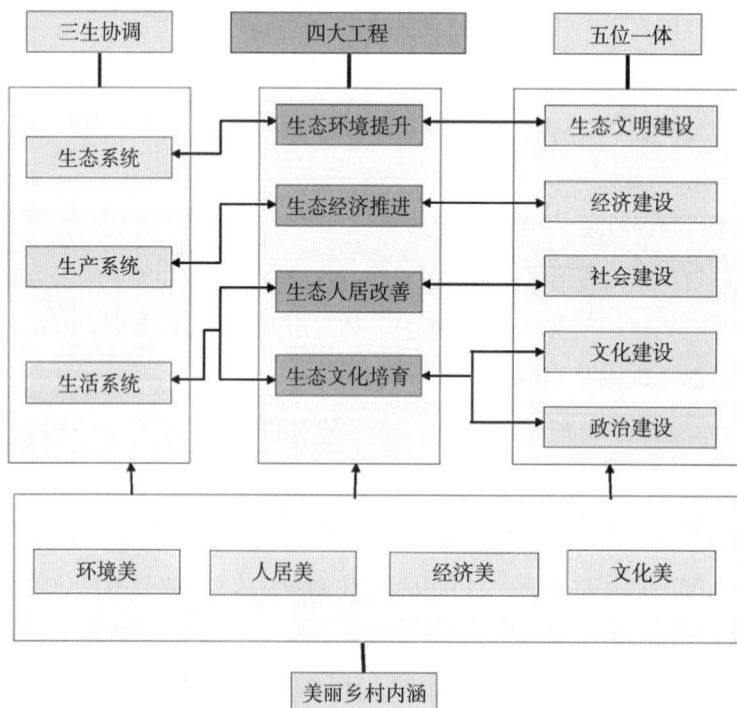

图 2-1　浙江美丽乡村四大内涵的谋划

纵深推进村口、主街、宗祠等重要地段的整治，极大改善了村庄公共空间环境的面貌与品质。

（二）激活美丽经济

在设施与空间等综合人居环境改善后，浙江从改善人居环境带动农村产业复兴之"道"的需求出发，继续依托乡村资源禀赋，培育生态农业与休闲旅游业，激发美丽经济，挖掘乡村发展的内生动力（图2-2、图2-3）。之后，还配套推进了县（市）域乡村建设规划、村庄规划和村庄设计、农房设计的"三个全覆盖"，确保试点落地。

图2-2 安吉美丽乡村村庄内外环境提升后实景

图2-3 桐庐美丽乡村经济推进后的牛栏咖啡馆实景与村庄设计示意

第二节　发展困境

在城镇化快速发展过程中，由于乡村人居环境与公共服务较差，内生活力与外部支持有限，逐步出现乡村建设分异化，衰落的乡村与异化的乡村并存，加剧了营造认知、主体、手段、政策的偏差问题，由此催生的城乡发展不平衡、不充分、不协调的困局，值得进一步反思。

一、营造认知的偏差

虽然浙江城乡一体化程度较高，但在实践中城乡价值认知偏差错位仍屡见不鲜，凸显为营造意图不清晰，甚至不明确"为什么要营造"或"为谁营造"，未将城乡作为发展与空间的统一体，套用重城轻乡的价值取向，因而在村庄营造中往往"求大而不求精""求新而不求特""求洋而不求文"。这不仅导致历史建筑、传统村落等乡村独有的乡土空间及其营造技艺逐渐衰落淡出视野，乡村也将陷于过度城市化之囿。当前乡村建设价值取向的困惑，正是当代中国乡土文化的困惑，也源于当代民族文化自信的缺失。

二、营造主体的偏差

与西方相比，我国美丽乡村营造主体错位尤为明显，因为"农民"并非真正的"营造"主体，现留守农村的老人更无技能、无资金、无意愿营造乡村，却向往都市生活，在土地权属不清晰、房屋产权难流转的情况下，他们的解困脱贫无法在老村实现，"新农民"的进入也受羁绊，使乡村营造异化为"形象工程""民宿开发盛宴"或"设计实验"。可见，"行道"主体之人的偏离，往往也就偏离了主客体间的真实联系或需求，导致营造客体南辕北辙。

三、营造手段的偏差

从行业发展来看，乡村营造的理念畅想从未缺失过，但破除现实约束的行动原则却被不断"磨平棱角"，毕竟人人满意的帕累托最优较难达到，在用脚投票下往往会在理想与理性之间折中出阻力最小的方式，最终将累积为路径认知与营造手段之间的错位，将传统村落保护与发展对立起来，造成三种误区：一是无为抵触型，觉得衰败老村改造投入是无底洞，认为并非每个古村都值得保护；二是死保硬保型，在"文化"之道权衡下，采用类文物式保护或非活态式保护，只见物而不见人；三是用力过猛型，在形象权衡下，过度设计、过度开发、过度整治，造成乡村风貌的快速建设性破坏与乡村风俗的慢速趋同化消亡。

四、营造实施的偏差

可见，分科之学导致营造偏离整体性，局部的"突飞猛进"只能成就"多学而识"，而无法成就"一道贯之"，这也是当下我国美丽乡村营造的痛点——空间越割越细，初心越走越远，空间落实与改造初心整体联系被切断，既有少数城市专家倡导通过迁村并点来解决村庄布点分散问题，结果却是乡村人口实质上并未迁移但乡村行政资源却没有了；又有部分实践达人通过乡村土地流转取得一定绩效，但在政策不确定下却换来兵营式农房布局和村民安置难题；既有政令未下前投入不足，又有政令下达后多部门多头投入，结果却是农村"抓小放大"或传统风貌丧失；既要在保护中协调理念与手段，又要在发展中平衡长期策略与短期政策，结果却是顾此失彼或两头皆空，根源就在于政策制定与执行的偏差。

第三节　困境成因

乡村营造认知、主体、手段、政策分离的背后，是对乡村内生多样性的供给不足，导致乡村"供需脱节"，也就难形成由外生"输血"向内生"造血"的质变。

一、对乡村类型的多样性供给不足，导致认知偏差

在传统县域块状经济疲软、人口增长红利降低的背景下，农村剩余劳动力亟须被激活，但在量大面广的短期工程实施导向下，乡村营造往往以单一的"标准化"理念，配套"千村一面"的菜单，代替多种类型乡村生态、乡土文化等本土化，加剧城乡认知的偏差。

二、对乡村社区的多样性供给不足，导致主体偏差

在出口与投资受阻下，乡村内需市场已成为新经济增长点，乡村营造也形成了政府主导、开发商主导与设计师主导三大模式。其中政府主导模式在多部门交叉发力下，往往引发政策矛盾而难以形成合力，容易导致农村风貌在大规模建设中被破坏；开发商主导模式则引发资本逐利式过度开发包装，导致传统风貌乡土风俗逐步丧失；设计师主导模式则易变成过度设计和设计师群体性"自娱自乐"，导致设计脱离村民意愿，过度植入与村民不相关的功能，用"城里人的乡愁"代言"村里人的乡愁"。但上述三大模式均忽视了村民主体，且未细分乡村原住民、老人、留守儿童、妇女、外出青年务工者、中长期度假者等乡村主人翁的"新诉求"，也未设计村民参与乡村营造的可行路径，未处理好旅游、商业与农业、村民的关系，加剧了营造主体的偏差。

三、对乡村改造的多样性供给不足，导致手段偏差

伴随着工业化进入去库存阶段、新型城镇化进入下半场阶段，乡村复兴一方面要改善生态环境为都市区创新发展培育新空间、集聚高端人才，另一方面也需要分担超大、特大城市非核心功能分流压力。但在操作中往往用技术合理性代替社会合理性，低影响开发与原肌理保护等乡村有机更新理念在有限时间和有限预算下被篡改，真正实施的却是大草坪、大铺地、大造景等涂脂抹粉式整治，加剧了营造手段的偏差。

从连续的视角来看，乡村营造往往局限于特定目标，或用"技术理性"的空间风貌替代理念，或用"经验理性"的乡村发展理念替代空间场所，缺乏真正从"三

农"出发长远考虑的"道器合一"，如农业生产之道供给偏离传统与新兴生产需求，导致劳动力、资金与产业流失；农民生活供给之器偏离传统居住需求与场所精神，导致原住民与农二代流失；农村文化供给之器偏离传统精神需求，导致工匠艺人与能人文化基因流失。这些因素的累积进一步加剧了营造政策的落实偏差。

第三章

浙江美丽乡村的格局特征识别

第一节　空间格局特征识别

浙江省**乡村聚落分布均较为集聚，离散程度较低**。从乡村聚落数量来看，嘉兴市乡村聚落数量最多，聚落分布较为零散，而宁波市、杭州市、绍兴市、金华市等乡村聚落数量也较多，丽水市、衢州市及舟山市聚落数量较少；从聚落面积来看，嘉兴市居于首位，与其乡村聚落数量相对应，其他地市乡村聚落面积均较小。

各市、县（市、区）分布相对均衡，分布数量差距不大。美丽乡村在各地分布的数量相差不大，趋向均匀分布。由于美丽乡村的创建依赖地方政府的上报及省级部门的评选，浙江省内美丽乡村空间分布的不均衡性在县域尺度比市域稍大。

空间上整体呈凝聚型分布，且集聚趋势明显。浙江省美丽乡村的行政尺度分布差异更多体现在政府行政单元层面，从数量上控制示范村的空间均衡性。浙江省美丽乡村空间分布虽存在区域差异，但在空间上均呈微弱凝聚型分布，且空间集聚性逐渐增强。

第二节　风貌格局特征识别

一、风貌类型特征

（一）地形类型特征——自然地理属性

影响乡村从发生、发展到传承、没落的原因有很多，包括自然要素，如地形、地貌、水文、气候等；人文社会要素，包括当地的经济、文化、历史等。在所有这些影响聚落景观形成的因子中，地理环境的作用是最主要的（申秀英等，2006）。作为活跃的地理环境组成要素之一，地貌对其他要素与地理环境整体特征有着广泛而深刻的影响，不同的地貌会导致不同的地表热量、温度、降水量，波及诸如风化作用、成土作用及各种生物过程等自然地理过程，导致自然景观的重大变化，进一步造成土壤类型、植被乃至生态系统的差异（伍光和等，2008）。类似的地形地貌特征会产生类似的乡村景观形态与地域风貌，譬如在海拔较高的地区，沿山地山坡分布的村落周围环境良好，植被覆盖率高；其建筑大多呈现出错落分布状态，同时村庄规模相对不会很大；其耕地主要通过对村庄周围山地的开垦而来，会形成梯田景观；由于地处山地，一般距离中心城镇较远，又由于高等级道路的修建略有难度，通常以盘山乡道与村道为主，还有其他一些共同点。也就是说，通过对地形地貌的辨析进行分类，既可以比较客观地进行重复性判别，又可以帮助我们对乡村地域风貌进行合理推测和大致了解，以便未来对不同乡村地域的村庄进行比较有针对性和可实施性的规划。

　　本次研究将乡村地域所处的地形地貌作为主要分类要素，对其进行分类，分为山地型、丘陵型、平原型、盆地型、滨海型五大类，并对山地型这种较为复杂的地形进行细分，详见表3-1。

基于地形地貌特征的浙江乡村地域风貌类型

表3-1

类型		基本特点	代表村庄
山地型	山谷带状	处于山地谷地区域； 多有溪涧穿过村落； 村落沿山形及溪流分布，多为狭长形； 海拔高程基本在500m以上	台州市三门县横渡镇东屏村； 温州市泰顺县泗溪镇下桥村
	山坡阶梯	多位于半山坡向阳处； 村落建筑沿山坡错落分布； 耕地多为梯田	温州市苍南县矾山镇福德湾村； 丽水市松阳县新兴镇官岭村
丘陵型		村落四周被山体包围或者地处山顶，该山体海拔不超过500m； 村落形态不规则； 海拔高程基本在250m以下	宁波市余姚市大岚镇柿林村； 金华市武义县俞源乡俞源村
平原型		地势平坦，为冲积平原； 大多河网密集； 海拔高程较低，不超过100m； 村落内建筑布置较为整齐	湖州市南浔区和孚镇荻港村
盆地型		处于盆地的平原区域，地势平坦； 耕地环绕在村落周边； 海拔高程大部分在200m以下； 村落形态呈团块状结构	金华市兰溪市诸葛镇诸葛村； 杭州市建德市大慈岩镇新叶村
滨海型		距离海岸线较近，一般不超过2000m； 海拔高程较低，均在50m以下； 村落规模较大	台州市温岭市石塘镇的东山村； 宁波市宁海县力洋镇力洋村

（二）文化类型特征——文化地理属性

依据前文的整理分析，本书认为以地形地貌为标准的分类能基本概括和勾勒出浙江省乡村地域的自然景观和人文景观，特别是在生产结构、人口规模、分布形态、建筑材料等方面，但诸如文化传统、建筑风格等仍受区域性文化影响较大。因此，在地形地貌的基础上，结合文化地理属性及乡村风貌特色要素，对浙江省乡村地域风貌类型进行进一步归纳。

根据文化地理属性的划分，乡村地域风貌类型区域可分为浙北、浙东、浙西、浙南和浙中五大片区。浙北概指杭州、嘉兴、湖州三地，属春秋战国时期的吴文化地区；浙东概指绍兴、宁波、舟山全部及台州大部，属春秋战国时期的越文化地区；浙南概指温州、台州小部、丽水小部，属春秋时期的东瓯文化地区；浙西概指衢州、杭州的建德市（历史上的严州）、金华的兰溪市、丽水的松阳县和遂昌县，属姑蔑文化地区；浙中概指金华大部和丽水东北部一带，属八婺之地。

在地形地貌的影响下，根据片区中具体风貌的差别，还可分为平原型、盆地型、丘陵型、山地型和沿海型等。各区域的界线和历史上的古国不是完全一致，建筑特征并不单一限制在某类区域内，因此，对于风貌区域的划分主要针对鲜明和主导的特征作为总体的概述。

二、风貌特征分区

以文化地理属性为主导，结合自然地理属性，乡村地域风貌类型区域细分为浙北平原（沿海）型、浙北丘陵型、浙东丘陵型、浙东沿海（平原）型、浙西盆地型、浙西山地型、浙南沿海（平原）型、浙南山地型、浙中盆地型、浙中山地型。

（一）浙北片区

浙北平原（沿海）型包括杭州的上城区、拱墅区、临平区、滨江区、萧山区；嘉兴的南湖区、秀洲区、平湖市、桐乡市、海宁市、嘉善县、海盐县；湖州的吴兴区、南浔区。浙北丘陵型包括杭州的西湖区、余杭区、富阳区、临安区、桐庐县、淳安县；湖州的德清县、长兴县、安吉县。

（二）浙东片区

浙东丘陵型包括绍兴的诸暨市、嵊州市、新昌县；宁波的奉化区、宁海县；台州的黄岩区、天台县、仙居县。浙东沿海（平原）型包括绍兴的越城区、柯桥区、上虞区；宁波的海曙区、江北区、北仑区、镇海区、鄞州区、余姚市、慈溪市、象山县；舟山的普陀区、定海区、岱山县、嵊泗县；台州的椒江区、路桥区、临海市、温岭市、三门县。

（三）浙西片区

浙西盆地型包括衢州的柯城区、衢江区、龙游县、常山县；杭州的建德市；金华的兰溪市。浙西山地型包括衢州的江山市、开化县；丽水的松阳县、遂昌县。

（四）浙南片区

浙南沿海（平原）型包括温州的鹿城区、瓯海区、龙湾区、乐清市、瑞安市、平阳县、苍南县；台州的玉环市。浙南山地型包括温州的永嘉县、文成县、泰顺县；丽水的龙泉市、青田县、云和县、景宁县、庆元县。

（五）浙中片区

浙中盆地型包括金华的金东区、婺城区、义乌市、东阳市、永康市。浙中山地型包括丽水的莲都区、缙云县；金华的武义县、浦江县、磐安县。

三、地域特征分区风貌特色

浙江乡村地域呈现"因山采形、就水取势、随类赋彩、藏而不露、和而不同"的整体风貌，建筑材料就地取材，木、土、砖、瓦、石五材并举。同时，根据建筑风貌屋顶、墙体、单元和细部上的差异（图3-1），每种地域类型的乡村风貌也有一定差异（图3-2）。

（一）浙北片区

浙北片区的文化地理属性为江南文明之源的吴文化。自然地理属性呈现西部为平原地区、东部为中山丘陵地区的特点，天然建筑材料丰富，盛产木材、石材，本

文化地理属性

浙北　　浙东　　浙南　　浙西　　浙中

↓

地形地理属性

平原　　盆地　　山地　　丘陵　　沿海

↓

风貌特色要素

屋顶　　墙体　　单元　　细部

形式 材质 色彩　材质 色彩　体量 形态 院落　部位 样式

↓

建筑风貌类型

| 浙北平原（沿海）型 | 浙东沿海（平原）型 | 浙南沿海（平原）型 | 浙西山地型 | 浙中山地型 |
| 浙北丘陵型 | 浙东丘陵型 | 浙南山地型 | 浙西盆地型 | 浙中盆地型 |

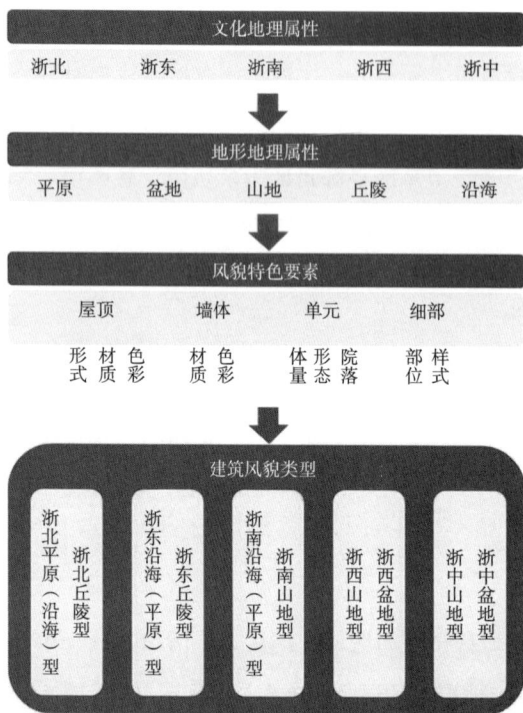

图 3-1　基于文化地理属性的浙江乡村地域建筑风貌类型

文化地理	自然地理	特色辨识	风貌类型
浙北 杭州 嘉兴 湖州	平原	陶瓦砖墙／粉墙黛瓦　　陶瓦木墙／精致古朴	浙北平原（沿海）型
	丘陵	陶瓦石墙／粉墙黛瓦　石瓦石墙／粉墙黛瓦　陶瓦土墙／粉墙黛瓦	浙北丘陵型
浙东 绍兴 宁波 舟山 台州大部		陶瓦砖墙／粉墙黛瓦　石瓦石墙／粉墙黛瓦　陶瓦土墙／粉墙黛瓦	浙东丘陵型
	沿海	陶瓦砖墙／粉墙黛瓦　　陶瓦石墙／精致古朴	浙东沿海（平原）型
		陶瓦砖墙／粉墙黛瓦　陶瓦木墙／粉墙黛瓦　陶瓦石墙／粉墙黛瓦	浙南沿海（平原）型
浙南 温州 台州小部 丽水小部	山地	陶瓦木墙／粉墙黛瓦　陶瓦土墙／粉墙黛瓦　陶瓦石墙／粉墙黛瓦	浙南山地型
		陶瓦土墙／方正小巧　陶瓦砖墙／粉墙黛瓦　陶瓦石墙／粉墙黛瓦	浙西山地型
浙西 衢州（杭州）建德（金华）兰溪（丽水）松阳、遂昌		陶瓦砖墙／东阳木雕　　陶瓦石墙／东阳木雕	浙中山地型
	盆地	陶瓦砖墙／粉墙黛瓦　　陶瓦土墙／精致古朴	浙西盆地型
浙中 金华大部 丽水东北部		陶瓦土墙／东阳木雕	浙中盆地型

图 3-2　基于文化地理属性的浙江乡村地域风貌类型

色多为黑灰、白、棕，基调素雅；河流雨水充沛，河网密集，建筑形态与水关系密切。经济文化特点为唐宋以来经济文化最繁荣的地区之一，文化具有清丽灵秀的地方特色，对建筑细部的处理尤其精细雅致，江南风情显著，受江南民居、徽派建筑影响深厚。

浙北平原（沿海）型：该类型乡村地域地势平坦，水系较为丰富，多为水乡，区域经济发达，建筑体量适中，整体风格雅致素净。建筑风貌以陶瓦砖墙与陶瓦木墙为主。陶瓦砖墙体量适中，配色以青灰色为主，清新淡雅；陶瓦木墙体量适中，配色以棕褐色为主，大户房屋一般华丽雅致，小户则简单朴素。

浙北丘陵型：该类型乡村地域地处较为复杂的山区，自然环境和资源优越，经济文化相对落后，由于地形限制建筑体量较小，多运用天然材料，风格简单淳朴。建筑风貌以陶瓦石墙、石瓦石墙、陶瓦土墙为主。陶瓦石墙多见于丘陵地区的平坦地带以及小部分平原地区，体量适中，配色以青灰色为主，清新淡雅；石瓦石墙主要分布在丘陵地区，体量较小，简单质朴，配色以青灰色为主，清新淡雅；陶瓦土墙主要分布在丘陵地区，体量较小，简单质朴，配色以黄棕色为主，充满乡土气息。

（二）浙东片区

浙东片区的文化地理属性为象征外向开拓精神的越文化。自然地理属性呈现西部为盆地低山区、东部为沿海丘陵平原区的特点，地域水量充沛，水网密集，形成众多择水而居的住宅；盛产地方石材，石材资源丰富，擅长雕凿工艺，常以石块铺装路面、墙面，不同地域石质不同。在经济文化特点方面，因此处为明清时期中国文化学术重地，色彩呈现三乌，越文化的悲怆典故形成"三乌文化"（即乌篷船、乌毡帽和乌干菜），建筑上喜用黑色；地方个性强烈，受到越文化勇悍气质的影响，屋檐上挑，建筑装饰较为夸张，构图强烈。

浙东丘陵型：该类型乡村地域地处低山区，地形较为复杂，村落建筑错落，建筑迎合地形，体量小而低矮，整体风格简洁古朴。建筑风貌以陶瓦砖墙、陶瓦石墙和陶瓦土墙为主。陶瓦砖墙体量较小，配色以青灰色为主，素雅明净；陶瓦石墙体量较小，配色以棕褐色为主，质朴古拙；陶瓦石墙体量较小，配色以灰黄色为主，简单朴素。

浙东沿海型：该类型乡村地域部分地处平坦地势，产生了众多水乡；另一部分处于地形相对复杂的丘陵地区，主要为山村聚落；由于沿海对外交流频繁，融合多元文化，区域经济较发达，建筑体量偏小，整体风格沉稳包容。建筑风貌以陶瓦砖墙和陶瓦石墙为主。陶瓦砖墙体量适中，配色以青黑色为主，沉稳朴实；陶瓦石墙体量适中，配色以灰黑色为主，粗犷实用。

（三）浙西片区

浙西片区的文化地理属性为朴素统一的姑蔑文化。自然地理属性呈现南北部为中山地区、中部为丘陵盆地地区的特点，受闽东北影响，兼有闽越文化的简洁朴实和华侨文化的中西合璧；环农田的特征，建筑形态分布基本跟着天地走。经济文化特点为理学特征强烈，地域为理学活动重地，住宅形制受人伦观念影响，体量较小且统一；重视门井装饰，受龙游商帮影响，出现了"崇饰居"的社会风尚。

浙西盆地型：该类型乡村地域与山水自然关系密切，尺度宜人，空间小巧且互相渗透，整体风格方正简洁。建筑风貌以陶瓦砖墙为主，体量较小，配色以灰白色为主，方正简洁。

浙西山地型：该类型乡村地域地处中山山地地区，地形复杂，建筑错落，迎合地形，体量小巧，模式化程度较高，整体风格朴素统一。建筑风貌以陶瓦土墙为主，体量较小，配色以灰黄色为主，朴素统一。

（四）浙南片区

浙南片区的文化地理属性为亲近山水自然的东瓯文化。自然地理属性呈现东部为沿海丘陵平原地区、西部为山地地区的特点，随山就水，与自然结合性强，产生原生型的房屋形制。经济文化特点为"行实事，有实功"的理学之邦，以人文精神为主导，地方文化质朴，打破古代居室制度，大多数宅型为一字形或其变形；重结构轻装饰，亲近山水，开敞通透，使房屋体形和建构本身极其丰富，减少了雕刻、色彩等装饰。

浙南沿海（平原）型：浙南沿海地区狭长，该类型乡村地域主要为丘陵和平原交织地带，村落与山水自然关系密切，建筑多为石木、砖木结构，建筑面宽较长，整体风格淡然朴素。建筑风貌以陶瓦砖墙、陶瓦木墙和陶瓦石墙为主。陶瓦砖墙体量适中，配色以青黑色为主，沉稳朴实；陶瓦木墙面宽较长，配色以灰黑色为主，自然古朴；陶瓦石墙面宽较长，配色以灰黑色为主，粗犷实用。

浙南山地型：该类型乡村地域地处中山地区，地形复杂，"八山一水一分田"，建筑错落，迎合地形，面宽较长，较为低矮，整体风格古朴自然。建筑风貌以陶瓦木墙、陶瓦土墙、陶瓦石墙为主。陶瓦木墙面宽较长，配色以棕灰色为主，古朴自然；陶瓦土墙面宽较长，配色以灰黄色为主，质朴古拙；陶瓦石墙面宽较长，配色以青黑色为主，简单朴素。

（五）浙中片区

浙中片区的文化地理属性为融合多元文化特色的八婺之地。自然地理属性呈现南北部为中山地区、中部为丘陵盆地地区的特点，边际效应明显，受到周围地区地域特点的综合影响，建筑形制多元化，多运用石材、泥材等地方材料。经济文化特点为装饰艺术凸显，建筑构件多艺术化处理，更具艺术装饰性；木雕特色鲜明，建筑装饰雕刻精良。

浙中盆地型：该类型乡村地域建筑形制多样，融合多元建筑风貌特点，整体风格包容多样。建筑体量适中，配色以灰白色为主，包容雅致；陶瓦石墙体量适中，配色以灰黑色为主，包容古拙。

浙中山地型：该类型乡村地域建筑形制多样，融合多元建筑风貌特点，整体风格古朴多样。建筑面宽较长，配色以灰黄色为主，质朴古拙。

第三节　文化格局特征识别

一、文化总体肌理

对浙江省不同乡村地域风貌类型进行比对整理时发现，普遍具有两大共同属性：

一是以物质文化遗产——宗祠为标志的血缘聚居特性。宗祠又称祠堂、家庙，是农耕文明宗法制度下除住宅以外最为重要的建筑，古时村落的发展通常是始迁祖的直系后裔世世代代居住在一起，从而形成一个血缘村落，也就是一个宗族。有关宗族的事务处理就在宗祠里进行，包括祭祖、决议族内重大事务、编撰宗谱、制定和执行祠规和族规，是宗族"生聚教训"的场所以及活动中心和社交场所（李秋香，2006；邵建东，2011）。在传统村落物质文化遗产的整理过程中，不论是多姓氏村落还是单姓氏村落，毫无例外的是每一个村落保存完好的建筑必有宗祠，在多姓氏聚居的村落中，常可见分属不同姓氏、同姓氏不同宗的宗祠建筑，如宁海县长街镇车岙村有四姓祠堂。

二是以非物质文化遗产——水口布局为标志的传统风水文化。据《辞源》：水口是水源所出之洞口，村落水口泛指村口水流出处，地点也与村口相同（殷永达，1991）。《葬经翼·水口篇》说"夫水口者，一方众水所总出处也。"《雪心赋》有言"天关地轴，可验富贵之速迟"，又说"所贵者五户闭藏，所爱者三门开阔"，"水口之砂，最关利害"，诸多风水学著作都阐述了水口的布局影响着村落的昌盛衰亡（程建军，2008）。例如兰溪市兰江街道姚村"建宗祠以关水口，东佐锁漠库，西造锁洁桥"；松阳县新兴镇官岭村保留有大规模的水口树；建德市大慈岩镇新叶村文昌阁、五谷祠和抟云塔即建在水口处；武义县熟溪街道郭洞村在水口处布置了回龙桥、石亭、城墙等建筑和古木群。这些都是受风水学说中水口处需"障空补缺"影响。

《风水辩》对风水有如下定义"所谓风者，取其山势之藏纳，土色之坚厚，不冲冒四面之风与无所谓地风者也。所谓水者，取其地势之高燥，无使水近夫亲肤而已；若水势曲屈而环向之，又其第二义也。"以"卜宅""相地"为目的的风水理论与传统"天人合一"的观念是一致的，强调人在自然环境中的和谐生存（盖光，2005；刘沛林，1997）。浙江传统村落中的一部分利用经典风水阵法进行整体布局，如前文曾提到过的苍坡村、俞源村、芙蓉村以及其他如松阳黄岭根村"魁星踢斗"、兰溪诸葛八卦村等；大部分村落的选址都符合"天人合一"的风水观念，如兰溪市女埠街道垾坦村，据《孙氏家谱阳基图说》所载，有"山列入八卦，水曲九宫"之说；台州三门县横渡镇东屏村地处山南水北交会处，为大阴之地，《庄子疏》曰"大阴，地也"，后有靠山、前有流水的空间结构，即为养生之地；还有一部分则可在村落内部建筑布局中观风水理念，如松阳山下阳村村前布置了"月亏即盈"的风水塘月池及"天圆地方"的地坛，再如前文提及的水口处栽植树木、布置亭院桥梁等建筑。

二、历史文化（传统）村落特征

浙江省一直以来高度重视历史文化保护传承工作，目前，拥有历史文化名城名镇名村街区共计392处，确定公布历史建筑10563幢，总数均位居全国第一，基本形成了由"历史文化名城—名镇名村街区—文物保护单位和历史建筑"多层次构成的城乡历史文化保护传承体系，其中历史文化名村共202个（国家级44个，省级

158 个）。2022 年也是浙江省开展传统村落保护发展工作十周年，截至目前，浙江省列入中国传统村落名录的村庄有 6 批次共 701 个（其中，65 个村落正式列入 2023 年 3 月 19 日由住房和城乡建设部等部门公布的第六批中国传统村落名录），总量居全国第四位；省级传统村落有 1 批次共 636 个。另外浙江省还发布了 10 批次历史文化村落保护利用重点村 432 个、一般村 2105 个。部分村落同时纳入以上 2 个或 3 个保护名录，我们将其统称为历史文化（传统）村落。

（一）总体特征

浙江省的历史文化（传统）村落有以下空间分布特征：

（1）因自然生态要素较为多元，从自然地理角度，历史文化（传统）村落可分为山地型、丘陵型、平原型、盆地型、滨海型五大类。

（2）又因血缘族居的人文社会要素影响较大，从文化地理角度，历史文化（传统）村落可分为浙北、浙东、浙南、浙西、浙中五大文化地理分区。在五大分区里，浙西、浙南、浙中分区显著集聚，浙东分区次之，浙北分区最弱。

（3）浙江省初步形成了历史文化（传统）村落"五核、三片、两点"的省域保护发展总体格局。

其中，"五核"为五个集中保护利用核心区，分别为浙西三江核心区（桐庐富阳 – 建德兰溪龙游）、浙西南山地核心区（松阳 – 龙泉景宁 – 遂昌）、浙南瓯江核心区（永嘉 – 泰顺）、浙东山地核心区（仙居 – 天台 – 临海）、浙中盆地核心区（金义永康 – 武义 – 缙云），是省域内村落要素最集中、影响力最强的核心区域，对省域历史文化（传统）村落总体格局具有决定性影响，也是后续重点进行整体性、片区化保护利用引导的区域。

"三片"为三个一般保护利用片区，分别为衢州 – 江山片区、嵊州 – 新昌片区、宁波 – 舟山片区，是省域内历史文化（传统）村落资源和自然文化资源集中度高、影响力较大、文化关联较强的区块，对省域历史文化（传统）村落格局具有重要影响。

"两点"为两个特色保护利用片区，即南浔片区和浦江片区，分别代表具有鲜明江南水乡、诗画之乡特色的历史文化（传统）村落保护利用探索和引导区域。

从五大分区来看，浙南分区历史文化（传统）村落最多，共有各类历史文化（传统）村落 1007 个。此外，浙东分区 771 个，浙西分区 580 个，浙中分区 501 个，浙北分区 383 个（表 3–2）。从各设区市来看，丽水市共有各类历史文化（传统）村落 890 个，遥遥领先于其他城市；金华和衢州各有430个，台州342个，杭州300个，温州261个，绍兴204个，其他设区市不超过200个（表3-3）。总体来看，浙西南地区历史文化（传统）村落数量显著高于其他地区，金华、衢州、丽水的村落数量占全省的53.95%，浙北地区村落数量较少。

各分区历史文化（传统）村落数量统计（数据截至2019年）（个） 表3-2

分区	历史文化名村		传统村落		历史文化村落		小计
	中国历史文化名村	省级历史文化名村	中国传统村落	省级传统村落	保护利用重点村	保护利用一般村	
浙北分区	5	17	44	93	39	185	383
浙东分区	10	39	131	118	82	391	771
浙中分区	11	45	97	91	53	204	501
浙西分区	10	18	91	111	53	297	580
浙南分区	8	24	273	223	77	402	1007
合计	44	143	636	636	304	1479	3242

各地级市历史文化（传统）村落数量统计（数据截至2019年）（个） 表3-3

城市	历史文化名村		传统村落		历史文化村落		小计
	中国历史文化名村	省级历史文化名村	中国传统村落	省级传统村落	保护利用重点村	保护利用一般村	
杭州	6	15	52	63	23	141	300
宁波	6	23	28	22	21	79	179
温州	4	21	29	63	25	119	261
绍兴	1	6	25	41	22	109	204
金华	10	26	104	64	53	173	430
衢州	7	14	54	83	43	229	430
台州	3	8	75	52	29	175	342
丽水	5	26	257	198	60	344	890
舟山	0	2	3	3	9	31	48
嘉兴	0	0	3	12	3	35	53
湖州	2	2	6	35	16	44	105
小计	44	143	636	636	304	1479	3242

注：表中未包含2023年3月19日正式公布的浙江省列入第六批中国传统村落名录的65个村落。

（二）分项特征

小聚大散的空间分布为浙江传统村落提供了样板示范推动片区发展的试点领先优势。

从区域分布均衡度看，浙江传统村落主要集中在浙西南、浙西、浙中、浙东四个片区，其中浙西南呈密集的圈层式分布，浙西呈点轴式分布，浙中、浙东呈较宽的条带式分布。

从地市分布均衡度看，丽水（257个+198个）、金华（104个+64个）、衢州（54个+83个）、台州（75个+52个）、杭州（52个+63个）、温州（29个+63个）、绍兴（25个+41个）等地市的前5批中国传统村落数量与省级传统村落数量占全省的91.2%，湖州、嘉兴、舟山等地市数量较少。松阳、景宁、龙泉、临海、仙居、兰溪、建德等县市传统村落数量在全省领先，并形成集中连片分布态势，松阳、兰溪、建德三县市更是列入财政部、住房和城乡建设部传统村落集中连片保护利用示范县（市、区）名单。

从交通区位分布均衡度看，浙江传统村落大多集中在距省道20km、距县道25km的影响区内。从垂直分布均衡度看，浙江传统村落海拔高程主要集中在0~200m区域内，75%分布在海拔高程500m以下地区，最高的是龙泉上田村（1186m），最低的是舟山东沙村（3m）。

第四章

浙江美丽乡村的内生发展之道

乡村振兴不仅仅是让城市人"看着舒服",也不仅仅是让农村人"住得舒服",而是要振兴农民草根的能人创新精神,振兴农村传统的生活营造方式,振兴农业活力的内生增长体制。本书的分析也表明,乡村发展错位背后的多样性"供给不足"决定了浙江美丽乡村需要探索多元化的内生造血路径。

第一节 生态融合之道

生态融合理念包含两层内涵:一是自然系统内部融合化,即在山水林田湖草等自然资源融合联动中,用"去城市化"的生态手法,彰显自然生态景观;二是自然系统外部融合化,即在乡村聚落选址、营造、修复、美化中,采用乡土化朴素手法,尊重自然基底,采用自然审美,这也是达到"道法自然"第一重境界的必备条件。

安吉余村便是秉承"生态融合"内生发展理念的现实脚本(图4-1)。该村总面积4.86km²,总人口超过1000人。作为习近平总书记提出"两山理念"之发源地,以打造践行"两山理念"样板地为目标,主要经验可总结为"四化同步":一是生态价值化评估,采用谢高地"中国生态服务价值当量"等指标,估算出余村生态服务价值约1496.34万元,并划定多规合一的开发边界;二是生态去城市化修复,通过绿堤柔化水系、矿坑绿园修复山体开挖点、绿篱镶嵌农田等去城市化手法,增加余村生态服务价值308.8万元(表4-1);三是景观自然化审美,应用融于自然、整洁精致、富于野趣、乡土特色等生态美学准则;四是经济生态化培育,发展农旅结合、竹文创工旅结合、文旅结合等契合自然禀赋的产业,并在低影响开发下提高亩产。

图4-1 安吉余村"生态融合之道"示意

生态服务价值　　　　　　　　　表 4-1

编号	土地类型	面积（hm²）	生态服务值标准（万元/hm²）	生态服务价值（单项）（万元）
1	林地（混交林）	24.40	0.833	20.33
	林地（竹林）	293.53	4.395	1290.07
2	农田	95.80	0.859	82.29
3	园地	20.02	1.199	24.00
4	水域	14.62	5.422	79.27
5	建设用地	37.63	0.010	0.38
增加值	林下套种	65.40	按竹林50%计	287.43
	水面增加	5.43	按水域70%计	20.61
	生态设施与科普功能	37.63	按建设用地2倍计	0.76
合计		1496.34+308.80（万元）		

第二节　文化传承之道

　　文化传承理念的指向丰富，既需要深入挖掘传统乡土文化的精神内核，找回民族文化的自信；又需要合理引入可扎根于乡村的现代文化，实现社会各要素之间的调和中庸，这也是达到"中庸之道"第二重境界的必备条件。

　　庆元大济村是"文化传承"内生发展理念的参考蓝本。该村总面积 7.83km²，总人口超过 3000 人。作为第五批中国历史文化名村、首批中国传统村落和浙江省美丽宜居示范村，以打造"耕读传家，养心大济"为目标，主要经验可总结为"三个重塑"：一是重塑文化联系，挖掘崇德尚医、耕读传家的"进士村"文化内核，重整崇德之风；二是重塑产权联系，设置村民建房用地，划定开发边界，引导老村人口疏解，保护传统村落组团；三是重塑产业联系，依托本地特色，植入医养功能，激发乡村活力，带动农旅复兴（图 4-2）。

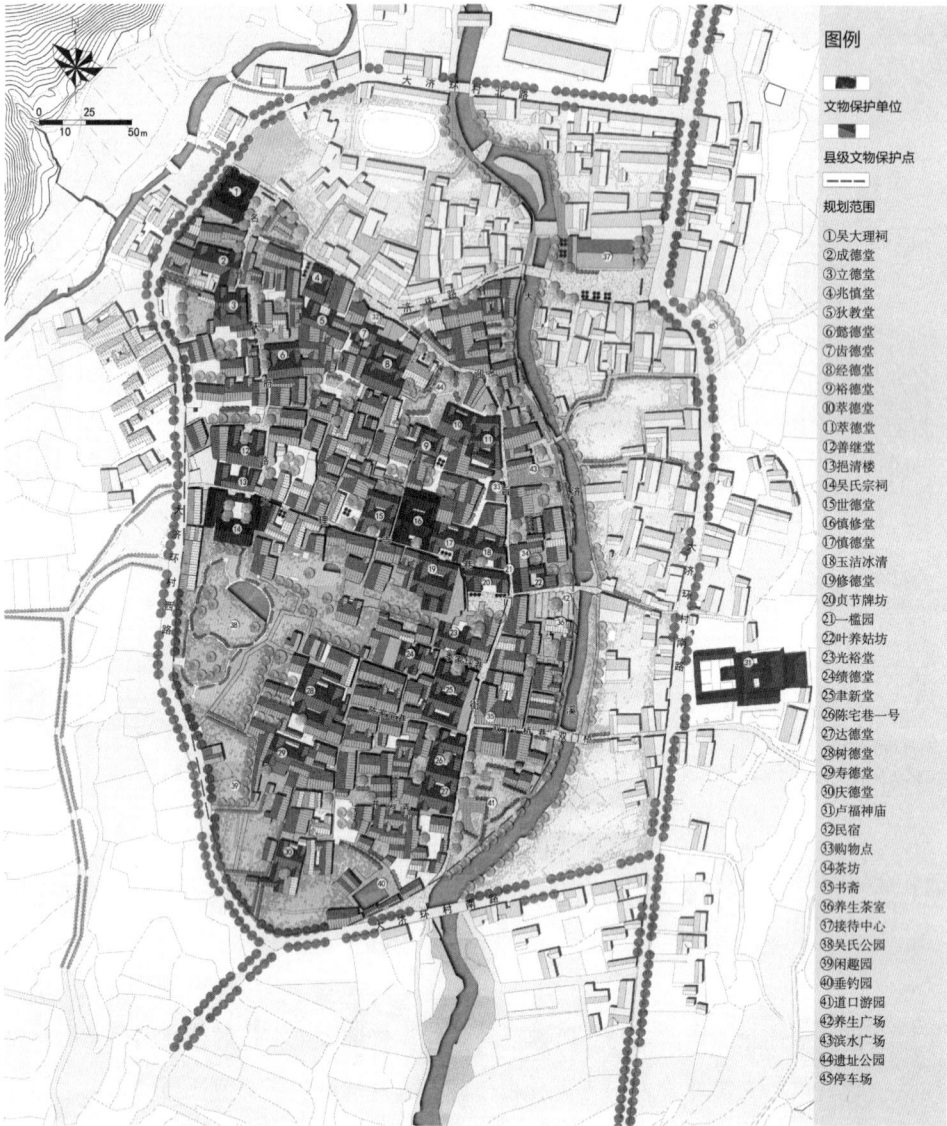

图 4-2　庆元大济村"文化传承之道"示意

第三节 产业兴旺之道

"产业兴旺"理念包含两层含义，一是乡村本土产业兴旺，通过综合人居环境改善吸引能人回归，激活农业等传统产业的乡土化核心价值；二是乡村外来产业兴旺，激活农、工、旅、文等现代产业的融合化溢出价值，这两条都是达到"道以载器，器以载道"第三重境界的必备条件，也是未来乡村振兴的关键之道（图4-3）。

图4-3 德清后坞村"产业兴旺之道"示意

德清莫干山后坞村是契合"产业兴旺"内生发展理念的典型样板。该村总面积10.02km^2，总人口超过1600人。既是群山之中的原生态"部落"，也是莫干山民宿旅游的特色化，主要经验可总结为"四个注重"：一是注重客群需求细分，细分不同客群，提供农舍度假房、LOFT家庭房、庭院家庭房、帷幔大床房、乡村标准间等多元产品；二是注重古今业态交融，既复兴农耕、竹林等传统业态，又利用闲置地设计符合当代需求又可持续的剧场，发展青年歌手演唱会、雅集、文创产品发布等现代业态；三是注重运营方式策划，加强与马蜂窝、央视等大平台的合作，策划重大事件、重大项目，建立各类共同体；四是注重服务细节设计，如采用不修路保护自然、引入适应季节变化的屋顶茅草、设计与竹林融合的半通透半私密房屋形态等低影响开发手段。

第五章

浙江乡村地域
风貌特色塑造

第一节　背景意义

一、政策背景

（一）政策背景——从"美丽中国"到乡村振兴战略

2012 年，党的十八大提出建设"美丽中国"的目标，指出面对资源约束趋紧、环境污染严重、生态系统退化的严峻形势，必须树立尊重自然、顺应自然、保护自然的生态文明理念，把生态文明建设放在突出地位，融入经济建设、政治建设、文化建设、社会建设各方面和全过程，努力建设美丽中国，实现中华民族永续发展。乡村是中国传统文化的发源地和主要载体，承载着生态安全以及传统文化体验的精神家园的责任，因此乡村建设自然也是"美丽中国"的重要载体之一。随着中国城镇化进程的深入发展，特别是在经济社会新常态下，乡村建设正步入缩小城乡差距、实现宜居乡村、构建和谐社会的历史性契机，乡村振兴必将成为中华民族伟大复兴的重大战略。

2017 年 10 月 18 日，习近平总书记在党的十九大报告中指出实施乡村振兴战略，要坚持农业农村优先发展，按照"产业兴旺、生态宜居、乡风文明、治理有效、生活富裕"的总体要求，明确"三步走"时间表，提出了中国特色社会主义乡村振兴道路的实现路径。到 2020 年，乡村振兴取得重要进展，制度框架和政策体系基本形成；到 2035 年，乡村振兴取得决定性进展，农业农村现代化基本实现；到 2050 年，乡村全面振兴，农业强、农村美、农民富全面实现。

（二）现实状况：从"美丽乡村"到特色乡村体系

自 2003 年习近平总书记在浙江工作期间作出实施"千村示范、万村整治"工程的重大决策以来，浙江省就以"八八战略"为总纲，相继出台政策，积极推动乡村建设发展，并致力于村庄环境整治、示范村建设以及农村基础设施全面改善。2010 年，浙江省从"创新、协调、绿色、开放、共享"五大新发展理念出发，提出全面建设"美丽乡村"，并专门制定了《浙江省美丽乡村建设行动计划（2011—2015 年）》，着力打造"科学规划布局美、村容整洁环境美、创业增收生活美、乡村文明身心美"以及"宜居、宜业、宜游"的"四美、三宜"美丽乡村，有力推动了乡村的新一轮发展；同时，乡土文化根脉的挖掘、古村落的保护修缮和合理利用、非物质文化遗产的保护传承日益得到重视，浙江省已初步形成了"传统村落、历史文化村落、历史文化名村、美丽宜居示范村"为代表的特色乡村体系。

截至目前，全省调查登记近2000个古村落，已有6批共701个村落列入"中国传统村落"名录，总量居全国第四，还公布了1批636个"省级传统村落"；同时，全省已经启动开展了6批共259个历史文化村落保护利用重点村、1284个一般村的保护利用项目，普查确定了包括2559个历史文化村落的保护利用名单，建立了历史文化村落保护利用项目数据库。此外，还有1批国家级、省级历史文化名村得到了有效的保护，乡村地域风貌特色塑造得到较好地传承与彰显。

（三）发展要求：进一步挖掘、梳理与传承乡村地域风貌特色

乡村地域风貌随着中国经济社会的高速发展以及村民对现代化生活的理解和追求发生了重大变化。就浙江省而言，一方面经济总量的增长不断消耗土地资源，土地供需矛盾日益突出，使得原本脆弱的乡土景观被不断蚕食；另一方面，由于城市发展的影响，尤其是乡村建设过程中乡土文化自信的缺失，导致乡村的生活方式以及乡村建设模式、地域风貌具有强烈的城镇化倾向，致使乡村逐渐失去了原有的乡土气息与乡村景观。同时，由于缺乏对乡村场所精神的关怀，又掀起了形式单一、风貌混杂、风格迥异的村居建设浪潮，进一步破坏了原有的乡村地域风貌；另外，发展理念与政策引导的偏差，使得乡村的城镇化、园林化倾向严重，为了节省建设用地，新建乡村建筑完全没有考虑绿地庭院的要求，乡村最具特色的村居院落景观逐渐消失。因此，乡村风貌特色的丧失已成为中国众多村庄面临的一个共同问题。

而近年来，一方面，浙江省的资本与政府力量介入乡村建设的脚步逐渐加快，借助乡村良好的生态环境、历史人文，掀起了旅游休闲、度假养生的热潮，打造了农事体验、田园风情、养老养生等主题项目，在一定程度上展现了乡村地域风貌特色，对于在城市生活的人们产生了较强的吸引力。另一方面，浙江省已构建了"村庄布点规划（乡村建设规划）——村庄规划——村庄设计——村居设计"的村庄规划编制体系，结合颁布实施的《浙江省历史文化村落保护利用重点村规划设计要求（参照稿）》《浙江省村庄规划编制导则》《浙江省村庄设计导则》《浙江省历史建筑保护图则编制导则》《浙江省历史建筑保护利用导则》等一系列规范标准，各地市新编制了一批村庄规划和村庄设计，在指导村庄的建设与发展方面发挥了积极作用，并有助于乡村地域风貌特色的保护。

然而，面对乡村对现代生活方式的追求与逐渐消失的地域风貌特色的错位，我们必须深入思考到底应该采取什么样的乡村建设方式；乡村的现代化建设究竟应该是什么样的模式，才能保证不失去地域特色；乡村地域风貌特色塑造有没有一个可供借鉴的成功范式，既能让村民们追求现代化生活的愿望得到满足，又能让乡村的传统风貌特色得到保护与传承？因此，考虑到浙江省在乡村地域风貌特色塑造方面仍缺乏针对性强且切实有效的技术手段和实施指引，很有必要进行系统梳理和研究，进一步挖掘、梳理与传承乡村地域风貌特色。

二、研究意义

（一）理论意义

从国内外的研究状况来看，现有的乡村规划理论对乡村地域风貌塑造具有一定的指导意义，但是缺乏针对乡村地域风貌塑造的具体理论体系，主要以历史文化保护的案例与理论作为指导。从研究的内容来看，目前的乡村地域风貌以宏观上的控制引导为主，缺乏对乡村地域风貌塑造的整体研究。同时，由于行政边界划分的局限，国内所进行的大多数乡村风貌规划在实践过程中往往局限于单个村落或某几个村，缺乏对乡村地域风貌的整体思考，因此对实际工作的指导只能起到解决某个特定问题的作用，形不成系统性、实质性的指导。本次研究从乡村地域风貌的构成要素出发，为乡村风貌规划、整治设计与规划管理提供了基础性的指导框架，并在此基础上，针对不同尺度的要素系统进行了较为深入的探讨，提出了乡村地域风貌塑造传统技艺、技术指引及负面清单，对于完善和充实乡村风貌理论有着重要的理论意义。

（二）现实意义

乡村是中国经济社会发展的重要基础。从某种程度上来说，经济新常态以及在乡村振兴背景下中国发展能否和世界发展全面接轨，城乡是否能够协调发展，将更多取决于乡村的发展。建立一套系统科学的乡村地域风貌特色塑造技术指南，准确认识乡村地域风貌，进而改造提升乡村地域风貌，无疑对中国乡村风貌的可持续发展具有重要的现实意义。通过对乡村地域风貌特色塑造的系统研究，可以使得管理部门、规划师、村民对乡村风貌整治与建设有全新的认识，并指导当前的乡村风貌整治规划与设计，营造出"生活宽裕、村容整洁、乡风文明、管理民主"的乡村风貌形象。

第二节　浙江乡村地域风貌特色塑造的内容体系建构

一、乡村地域风貌塑造要素体系

（一）乡村地域风貌要素认知

乡村地域风貌要素（即村庄风貌要素）的内容从显示特点来讲可分为两种类型——处于表面的显性因素和隐于村庄各要素中的隐性因素。对乡村地域风貌构成要素的认知主要从人类对这个客观世界实体的感知经验和方式出发，可分为以下三个层次：

1. 形象

乡村地域风貌的形象主要包括自然环境、村庄的结构、街巷空间尺度，建筑的体量、造型、颜色、材质，以及村民的生活和生产方式等。

2. 表象

乡村地域风貌的表象主要指人们通过对乡村的直观观察得出的结论，如从民居可以看出村庄的经济发展水平，从村民的生活习惯得出村民的文化素养等。

3. 抽象

乡村地域风貌的抽象主要指将形象和表象两种感受结合起来，并通过相关文字、图纸、村民的介绍，最后由相关的专业人士总结抽取才得到的关于村庄的历史、发展动力、人文历史等深层次的乡村地域风貌要素。

本次研究将基于景观学、建筑学、规划学、经济学等多学科的视角对乡村地域风貌要素进行分析与整合，从而达到深化对各要素认识的目的，这也是感知乡村地域风貌要素的重要方法与手段。同时，形象、表象、抽象也是哲学中主观事物对客观世界认识的三个层次，也是由浅入深对乡村地域风貌要素进行认识的理论基础。

本次研究认为乡村地域风貌要素是组成乡村地域风貌的基本单元，根据不同的性质，可将其分为物质要素和非物质要素，其中物质要素根据建设属性的不同又可分为自然生态要素和人工建造要素，最终总结出乡村地域风貌要素主要包括自然生态要素、人工建造要素和社会人文要素三个部分，见图5–1。

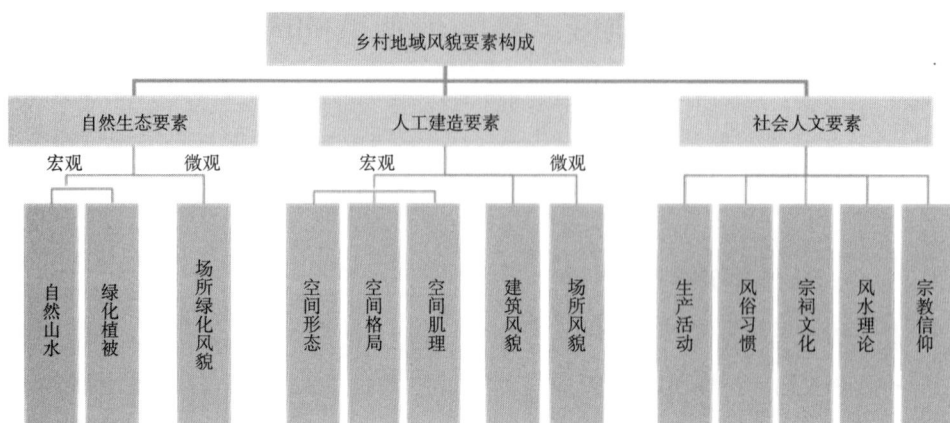

图 5-1 乡村（村庄）地域风貌要素构成

（层级图文字）：
乡村地域风貌要素构成
- 自然生态要素
  - 宏观：自然山水、绿化植被
  - 微观：场所绿化风貌
- 人工建造要素
  - 宏观：空间形态、空间格局、空间肌理
  - 微观：建筑风貌、场所风貌
- 社会人文要素
  - 生产活动、风俗习惯、宗祠文化、风水理论、宗教信仰

（二）乡村地域风貌要素构成

1. 自然生态要素

乡村具有的自然地理条件即称自然生态因素。随着社会的发展，在乡村建设的过程中，人们有效地利用这些自然条件，因地制宜地创造了风格各异的乡村风貌。

（1）宏观层次

1）自然山水。自然山水主要是指村庄建设用地周边的山水环境，也是村庄的背景环境，一般来说主要包括山水格局、山岳地形、水系河塘，其一般是村庄生产空间绿化的主要空间。

山水格局：山水格局是村庄发展的依托和形象的标志，又在一定程度上影响着村庄的发展，形成了村庄的不同风貌特征，譬如，依山而建——贵州苗族村寨，傍水而兴——湖南凤凰古城等。

山岳地形：村庄依山就势而建，靠山、含山，给人一种"山在村边、村在山中"的自然感受。峻秀的山峦是天然的方向指引系统，同时山岭的制高点可以俯视村庄，远眺风景，而且也是山体景观的聚焦点。

水系河塘：从人类文明发展的起源开始，水就孕育着乡村的生长，世界上许多乡村都是从水边发展起来的，人们生活中的各种需求如饮用、耕种等都离不开水。水体对于生态环境、微气候、乡村品质等方面都大有好处，同时还能增加乡村的田园气氛，给人一种田园牧歌式的"水乡泽国"之感。

2）绿化植被。绿化植被主要包括林木绿化和田地形式，一般与当地的气候、雨水、地形地貌等密切相关，是在山水格局的基础上凸显乡村自然生态风貌的重要组成要素，如丘陵地区的大片密林景观、山地地区的梯田景观、平原地区的现代化生态农业景观等。

（2）微观层次

场所绿化主要是指乡村内部的绿化，是形成乡村内部空间景观的基底，它不同于城市，城市绿化一般都是经过设计人员精心设计的，而乡村绿化则是村民根据需求而形成的。比如，村内的树木都是自行种植的，特别是树种的选择，多就地取材，充分种植乡土树种，且以乔木为主，少用灌木，草坪是基本不用的；此外，农民还充分利用家前屋后、庭院山墙、渠边河滩等边角地进行绿化，所谓见缝插绿；另外，乡村内部的菜地可谓是区别于城市最明显的绿化景观，每家每户都有一块属于自家的菜园，或位于门前路边，或位于屋内后院，或集中在村内某处，其是农民传统生活方式的一种体现，是乡村空间景观的一道亮丽风景。

场所绿化依据功能景观特征可分为生产空间绿化、公共空间绿化、滨水空间绿化、民宅庭院绿化、乡村道路绿化。

生产空间绿化：主要指村庄建成区内，提供花卉苗木的圃地、生产果品的经济林、竹园、茶园、桑园等，兼具经济价值与观赏性，一般可分为平原农业绿化、水网生产景观、丘陵苗木景观。

公共空间绿化：主要指出村口、村庄内部巷道、巷道节点、公共广场的绿化景观，包括乔木、小乔木、灌木、草皮植被等绿化要素。需要指出的是，村口、桥头、广场等场地应该作为村庄绿化景观的重点。

滨水空间绿化：主要指滨水地区的绿化景观组合，一般以原有自然风貌为主，绿化应充分结合亲水设施安排，特别是其植物配种及景观布局往往与水系关系密切。

民宅庭院绿化：主要指宅前、宅后的庭院绿化空间。

乡村道路绿化：主要指乡村道路两边的绿化空间，其主要作用为遮阳、美化，其绿化形式以乔木和草皮植被为主。

2. 人工建造要素

（1）宏观层次

1）空间形态。随着年代更迭和社会变革，不同时期产生的建筑建造会在乡村内实现有机组合（柯林·罗，2008），即在自然环境、经济、社会等外界因素和乡村内部各实体要素不同组合的共同作用下，最终形成纷繁多样的乡村风貌和空间格局。根据地形地貌和乡村历史文化特征，灵活采用带状、团块状或散点状空间形态。在功能布局合理的前提下，可采用具有历史文化内涵的图案状平面形态。

2）空间格局。空间组织对于乡村地域风貌具有非常大的影响，主要体现在对风貌的体验上。比如轴线空间的选择（一般由地形地貌或者宗族文化等因素决定）对于整个风貌格局的体验具有决定性作用，同时节点空间的选择也体现了风貌体验序列的整体要求。

3）空间肌理。空间肌理分为建筑肌理和街巷肌理。

建筑肌理：以建筑为主体，其与村庄内部道路、广场、晒谷场等人工环境以及山、水、田、林等自然环境所构成的空间形成了村庄的肌理格局，具有一定的空间秩序和意象（朱霞，2007）。村庄肌理格局是乡村独有的标志，是在悠久的历史长河中长期积淀的产物，与村庄的形成和发展相互依存，休戚相关，是一本记载村庄发展变化的"活的"史书（杨凯健，2011）。

街巷肌理：道路是村庄空间形态的"骨架"，具有联系各要素的功能，道路系统不但直接反映村庄居民主要采用的交通方式，而且反映村庄的整体形象，具有形成村庄结构、提供生活空间、体现村庄风貌、布置基础设施等多方面功能。可以说，村庄中道路的走向、组织形式、线形对村庄的识别性和村庄结构都具有重要影响，而且道路与村庄建筑的关系也能促使村庄产生不同的景观特色。

（2）微观层次

1）场所风貌。场所风貌主要是指村民公共生活、邻里交往的公共空间场所的风貌，包括村口空间、街巷空间、广场空间、道路空间、滨水空间、文化空间等。特别是对于广场、文化空间等而言，一般是被围合起来的空间，其界定领域非常明确，有人群滞留与活动所需的设施，如祠堂门口、戏台、村委会门口等，可以满足人们各种休憩活动的需要。同时，还能塑造乡村空间的特色，使空间吸引和诱发活动，进而通过活动强化空间，是乡村的良好生活氛围形成的因素之一。

2）建筑风貌。建筑是乡村最基本的构成要素，量多面广，是乡村空间特色中给人留下最直观感受的实物，建筑风貌特色是村民长期生活和文化积淀的表征（GyRuda，1998）。建筑风貌是乡村中重要的视觉元素，也是乡村的实体要素风貌。从古至今，不同地域的人们形成了不同的设计理念，并使用各类建筑材料造就了包罗万象的建筑形态，形成了各有特色的村庄风貌，它传达出乡村特有的历史文脉，营造了乡村特有的环境。建筑在人们的眼睛里所成的像，就是它给人们带来的视觉感受，主要包含形体、肌理、色彩三个因素。建筑形体既指抽象的点、线、面、体等要素的关系，又指具象的屋顶、地面、墙面、出挑、柱式、入口、台阶等各种构件进行的形体组合，因此具有多种类型学的含义。不论是宏观的村庄空间结构，还是微观的建筑立面，都要考虑构成肌理的基本形式、骨架。

3. 社会人文要素

乡村的功能之一就是供人类活动，村民的生产生活最能体现出乡村的活力所在。乡村若没有了活动，就没有了生命力。乡村中各类社会活动、人文思想都是乡村地域风貌的具体体现。

（1）生产活动。传统的乡村空间主要是一个生产空间，乡村特有的插秧、锄草、收割、摘水果、钓鱼等活动，都属于村民的生产劳动，体现着乡村生活的恬静、淡然；对于在乡村中生活的农民可能是家常便饭，但在从小生活在城市中的市民眼里却很新鲜。传统的农耕经济活动在很大程度上也是集体的活动，因此在村落中构成了特殊的合作形式和邻里关系。小而紧密的村落有很强的可识别性且易于满足人的定向和个性要求。现代都市农业的发展使得乡村地域风貌产生了很大变化，都市农业是一种具有超前性、换代性和多功能的"高产、优质、高效"的现代农业，是一种生产功能、视觉功能、生态功能并重的土地节省型农业。都市农业引入新技术，种植方式多样化，如温室、大棚、无土栽培；同时观光农业和休闲农业的发展使得传统的大田粮食作物数量减少，经济作物数量增加，收入提高的同时相应的乡村地域风貌特色也呈现出复杂性与多样性的特征。

（2）风俗习惯。传统习俗是乡村流传至今的风俗习惯，体现出乡村朴素、自然、极具特色的生活状态。节庆活动包括了民俗节日、法定节假日以及某些庆典、集会的活动。这些活动由于受村民关注度高，续存的能量大，因此进行的时候能吸引大量村民，有时甚至还能产生意想不到的收效。尤其是庆典节日所举办的活动，特点最为鲜明，往往能成为乡村极具代表性的活动景观，促进乡村文化发展。

（3）宗族文化。宗族文化是受地方文化长时间影响而成，对当地精神、制度、行为等方面产生作用，存在于宗族及其相关活动中的物质器物与非器物观念，包括由宗族组织、宗族成员所创造的各类精神、物质财富，如宗族信仰、风俗习惯、文学艺术、各种制度、建筑景观与相关技术等。一个村庄最初的形成往往是由以宗族为单位的血缘关系组成的，因此在村庄最初建立的时候，势必会受到宗族文化的影响。

（4）风水理论。风水又称堪舆。长期以来，乡村环境特征积淀在人们的心灵中，逐渐生成一种相对稳定的集体心理，并对村庄的规划开始产生潜在的影响，风水理论就是这种心理定势的主要表现，作为一种思想观念，风水对中国古代村落的选址和布局产生了深刻而普遍的影响，是左右中国古代村落布局的最显著力量，尤其是对村落的选址有决定性作用。

（5）宗教信仰。宗教是包括在文化内涵之中的，宗教文化即是以宗教的观点看到的文化现象，它是不同历史时期人类精神生活的重要组成部分。中国的宗教文化现象可以分为两种：即制度化的宗教和普化的宗教，但对于一般的村镇聚落形态影响并不显著，除了少数佛教胜地因佛寺林立而与居民的生活息息相关外，一般村镇都不设寺院。而在一些少数民族地区，佛寺建筑成为村落中不可缺少的组成部分，如云南西双版纳的傣族信奉小乘佛教，佛寺遍及各村寨，与村民的关系极为密切，这些佛寺往往位于村寨中较高的坡地上、村寨的主要出入口或作为道路的地景，地位显著，形象突出，不仅成为人们精神崇拜和公共活动中心，也极大丰富了村寨的立体轮廓和景观变化。

（三）乡村地域风貌塑造内容体系架构

结合《浙江省村庄规划编制导则》《浙江省村庄设计导则》等相关标准、规范的要求以及上述分析，以乡村地域风貌要素为引导，从乡村的空间形象和乡村面貌出发，确定乡村地域风貌塑造的内容体系架构（图5-2）。

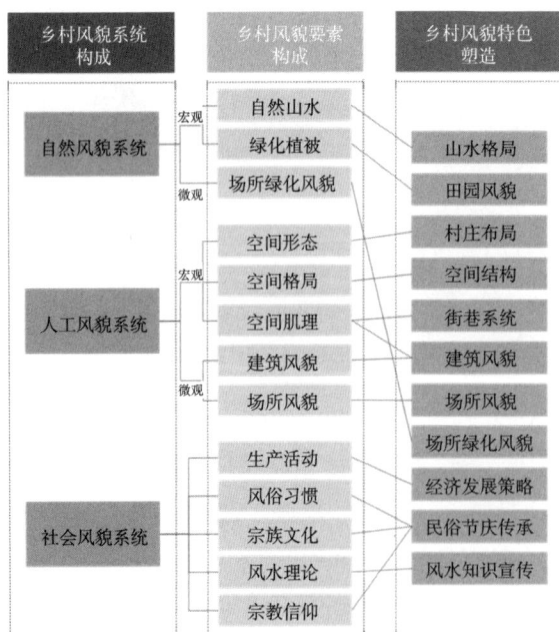

图 5-2　乡村地域风貌塑造的内容体系架构

二、乡村地域风貌塑造传统技艺

（一）格局风貌要素塑造传统技艺

格局风貌要素塑造的传统技艺主要体现在选址布局及村落肌理方面。浙江省乡村的选址原则和布局特征凝聚着村民长久以来形成的经验与智慧，在整个浙江省范围内的特征是环农业特征，主要表现为聚落的选址原则为近农田、靠河流、向阳、不与农业争地。在地形利用上，浙江乡村充分利用地形做文章。

浙江山地乡村聚落：首选山南坡，在条件不允许的情况下（如朝南的山太陡了，或有层层良田——梯田），也不会去破坏山体或占用梯田，而是选址在朝北的山坡上。凡是符合风水理念中理想村邑的地形地貌，村民们会按照龙、穴、砂、水四大要素来选择。浙江的几万个山地自然村落，基本按照这个原则分布在"七山一水"的网络中，形成了"水跟山走，田跟水走，房跟田走"的叶脉状山地村落分布总体风貌。

浙江丘陵乡村聚落：浙江的丘陵为农业型地貌，小山丘连绵不断，田垄、梯田、田畈相间，以水稻、玉米、番薯、大小麦等为主要农作物，主要靠小溪、水渠、水塘灌溉。耕地是丘陵村落生成的唯一因素，在整体上，村落形态是散点式均衡分布，乡村选址会根据合理的耕作半径彼此之间距离三五里不等。在布局上由于地形相对平坦，村落多以方形为主，由弄堂组织交通。由于受地形限制小，且从村落中人与人的关系视角看，浙江村落普遍体现出一个总体特征——宗法制度，所以丘陵村落大多以宗祠、寺庙为构图中心。

浙江海滨乡村聚落：宁绍平原海滨，古人采取"水进人退，就近上靠"的方式撤到山地，同时"围田而耕，逐水而居"的生活方式长期存在。由于用地局促，且面临漫水威胁，村落多沿河布置，而且一个个村落连绵不断，房屋低矮。

浙江水乡乡村聚落：这里原是浅海滩涂，古代村民对其进行了长期的开发和经营，从一片湿地或海水中开发了这一片土地并使之成为良田沃土、河湖交织的鱼米之乡。历史证明，杭嘉湖、宁绍、温州一带就地取泥筑塘、挖湖开浦的办法，是兼顾生态的好方法，不仅使人类获得更多耕地，还保存了众多水面。由于杭嘉湖、绍兴平原治水造田的方法有所不同，所以形成的聚落形态也不一样。

浙江海岛乡村聚落：除了舟山群岛有较大的平地以外，一般海岛都只有一些零星的小平地，渔民不舍得用以造房，而是种植蔬菜或五谷，因此渔村多建在面海又避风的山坡上，房屋的布置多是沿等高线走，聚落的布局从整体上看是分散的，因为一般海岛地形都很陡峭，山上的土层也浅，这就限制了渔村的规模和建筑体量，但从聚落内部来看是紧凑的，房子的间距很小，院落也很狭窄。

（二）建筑风貌要素塑造传统技艺

建筑风貌要素塑造传统技艺主要体现在建筑的单体平面、屋顶、墙体、细部四大方面。

1. 单体平面

浙江乡村民居的平面类型很多，由于不同阶级、不同经济条件、不同地区、不同规模等差别，从而产生了各种不同的平面与空间布置形式，共分为6个类别："一"字形、"L"形平面、"I"形平面、"U"形平面、"H"形平面、"口"形平面。

2. 屋顶

（1）屋面材料与构造

浙江民居的屋面盖基本上为小青瓦，重要建筑如园林宅第中的园林小品、牌楼、门台等，用筒瓦。

浙江的小青瓦屋面做法分两大类，铺砖灰（板）与不铺砖（板）。

浙南、浙西一带流行不铺砖做法，当地叫"冷摊"。

（2）屋顶装饰

浙江民居主要是人字顶，因此，装饰构件主要是在正脊的当中和两端以及垂脊、戗脊、博脊，翼角装饰主要是在宗祠、庙宇、亭阁上。

正脊两端的装饰叫"正吻"，也叫"龙吻""鸱吻"，题材有龙头、硬云、软云、卷草、甘蔗等。浙南永嘉、乐清常用卷草、卷云、甘蔗，甚至就像农家的扁担头一样，简单、古拙。平阳、苍南、泰顺一带受福建影响，比较复杂、夸张，具有巫术神话味。

宝顶饰于正脊中间位置，一般用瓦或灰堆，叫中墩或腰花，饰件内容有宝瓶、鲤鱼、鸽、海马、狮子、朝天犼等，绍兴民居正脊当中喜用立牌脊饰，另外还大量用瓦将军。

悬鱼和惹草主要分布于泰顺民居和门楼上，装饰纹样或用花瓣，或用云头造。后来逐渐发展演变，出现花篮、古钱币、桃、万字形、太极图、八卦纹、花鸟、擎磬等。

浙江中、大型民居自明清以来多使用瓦当和滴水，比北方的瓦当宽大，瓦沟沟槽宽且深，并且出现较多长方（或方）形瓦当，这是由于浙江多雨多台风气候条件所致。图案的内容也不同，北方瓦当以文字、蛇、豹、虎、螭、夔等动物为主，浙江以花草、云纹、回纹为多，尤其是浙南温州一带，出现了戏曲瓦当，即瓦头和滴水上刻戏曲人物故事，技艺近乎浮雕。

3. 墙体

（1）墙体材料与构造

1）砖墙。浙江传统民居普遍采用青砖墙，所用青砖均为手工制作，规格多，各地不同。

2）夯土墙、板筑泥墙。浙江丘陵、山地地区的民居多使用大型夯土块做墙壁。

3）石板墙。分为竖向排列的石板墙和横向排列的石板墙。

4）竹笆网墙面。浙东一带民居大量使用竹材，山墙及外侧面窗下用石板墙，窗间全部用竹笆遮盖，竹篾的边用竹片压住，凸出石墙以外，不抹灰。

绍兴部分地域民居也大量使用竹材，但与温岭一带做法不同，是在柱间加水平木条，木条间穿插竹篾，柱子外露，竹笆抹灰。

5）石墙。青田、缙云、温州一带山区有大量石墙，石头各式各样，砌法也不同，最常用的是卵石，常见式样有：

a）乱石墙；

b）人字墙；

c）自由组合墙；

d）席纹组合墙；

e）突变式墙。

6）木板墙。这种墙在浙南尤其是山区多见。除基墙用石墙外，四周墙面全部用木板，其梁架、柱全部暴露出来。

木板墙的材料多为杉木板，也有松木板或杂木板。木板厚度为15~18mm。先做横挡，开槽，板头做燕尾榫安装上去，考究的做法是在板与板间设企口缝。一般不施油漆，浙东、浙南沿海地区喜施桐油、清漆。

7）组合墙面。

（2）外装饰颜色

浙江乡村传统民居外装饰颜色丰富多彩、赏心悦目。整体上讲，可归纳为灰白（粉墙）、黄（黄泥墙）、朱黑、木色（竹木）四类。

4. 细部

（1）大木作装饰

1）梁袱雕饰。浙江所有的月梁梁头几乎都进行雕刻，大多是以线条为主的浅浮雕花纹，一开始为回纹，两三道龙须纹（也有称"虾须"的），逐渐呈眉月状、半月状并趋向抛物线状、鱼鳃状，有的用三角曲线凹槽，更加突出了月梁的圆润、饱满感。

支承梁头的梁托，有细巧的"鸡舌"雕饰（温州地区较多），还有圆木浮雕，刻着戏曲人物或祈祥动物（如兰溪长乐望云楼）或植物花草的。紧贴于梁、檩底面（梁托的上面或延伸部分）的条形木，称"替木"，也多加以雕刻，称"花替"。

2）牛腿。梁下、楼板下从柱子斜伸出的条状支撑构件，称"撑拱"，壮硕而呈三角形者，乡俗称为"牛腿"。浙江民居中这种构件有"3"形、条形、曲尺形、漩涡形、倒挂鱼喷水形等，而承托出檐者多浑厚壮硕，故称为"牛腿"，用条状斜撑的不多见，仅与福建交界一带如江山廿八都古镇偶尔看到。

3）天井雕饰。天井，天井院一圈是浙江民居装饰的重点，但各地的风格不同。浙北宅第式天井以落地长窗、塞墙为特色；浙东天台一带以花窗、槅扇见长；浙中廊轩木雕繁复大气，院墙内墙面往往在楼下做一条画幅式砖雕，这里布置轿厅的话，厅的朝厅堂一面装饰得像戏台一样；浙西小天井住宅，因为天井小，檐柱相隔近，所以牛腿、雀替、琴枋、荷包梁等檐下装饰就显得更加集中、细繁。

（2）小木作装修

1）浙江小木装修。小木装修是指小木作及这些构件上的装饰，小木作是指房屋上可拆可卸的轻型木构件。

2）槅扇门。浙江住宅的基本特征之一是堂室之制，且厅堂（大的住宅叫厅）都是敞开的，叫作"敞厅"，其中浙中和浙西的明间前檐柱往往无小木装修而完全敞开，空间与天井浑然一体。浙北、浙南的敞厅普遍使用槅扇，装在厅堂檐柱之间，为可卸的窗式木门，也称"长窗""落地窗"，槅扇门随明间面阔可用四扇、六扇，或通开间做成十二扇、十八扇，次间和梢间装窗。

槅扇门由边挺、抹头等围合成框架，上面中心部分为槅扇心，也称为"心"，屈下部的中心部分称为"裙板"，夹在心屈和裙板两端，面积较小的横长部分移为绦环板，一般采用线刻，内容常成组或系列。心屈是装饰的重点，常以整木镂面雕刻。

3）花窗。乡村民居中雕花的木窗称作花窗，按窗的形状、开启方式等可分成短窗、支摘窗、护净窗、天头（又称"窗披"）、漏窗。

（3）砖雕

砖是民居建筑的基本材料之一，它产地多，产量高，到处可得，容易结合而不必单独备料，比木雕耐久，更能防腐防火，比石雕省钱省工。它的使用及砖雕图案格式没有等级制度的限制，因此也是浙江民居装饰的一种主要形式。

（4）石雕

石雕就是在已定型的石件表面上雕刻出各种花饰图案，常用的手法有平雕（即线刻）、浮雕（也称"突雕"）、圆雕（又称"混雕"）、透雕。它在民居中用于须弥座、石栏板、石栏杆、抱鼓石、旗杆石、柱础、台阶、柱、梁枋、门框、门槛、天井壁、大门石雕墙面装饰、石制漏窗及广义民居的牌坊、牌楼。

第三节　浙江乡村地域风貌特色塑造技术指引

一、乡村地域风貌塑造技术指引

（一）塑造原则

1. 自然生态要素——差异整治、维护生态的原则

由于乡村的自然风貌系统与城市的自然风貌系统存在明显不同，因此乡村自然风貌塑造的思维与方式应不同于城市，寻求差异化的方式，追求绿意盎然、湖光山色的乡村田园风貌。因此，乡村的自然风貌塑造手法应立足乡村自然，师法自然，更多地从广大乡村自然生态系统中汲取营养，更多地运用本土自然要素。譬如，首先应强调对村内古树名木等反映乡村自然风貌的自然要素的塑造，强调古树名木的保护，而乡村公路景观及乡村绿化配置作为自然风貌塑造的重点，应该首选当地农作物或树种、植被作为主要配置元素，平衡生态保护和生产发展之间的矛盾，在保证一定经济发展的前提下，提高村民的人居环境质量，保持乡村生存环境自然、淳朴的特点。

2. 人工建造要素——分类控制、分类整治的原则

由于乡村地域特点、经济水平、文化习俗等各方面的不同，因此每个村庄的风貌塑造的实施措施、实施能力也不尽相同。乡村人工要素的塑造应当注重适宜性。制定具体措施时应强调措施的可实施性，在充分了解村庄自身条件的基础上量力而行地推进各项实施措施，将乡村地域风貌塑造的具体内容划分为风貌控制要素和风貌协调要素，其中风貌控制要素实行刚性控制，风貌协调要素实行弹性控制。同时，对每项人工要素的塑造都制定好建设模板，以便形成较为统一的风貌，同时也能实现更好的落地性。

3. 社会人文要素——挖掘历史、文脉传承的原则

社会人文作为乡村的精神，是地域风貌系统的重要组成部分。中国的乡村自古以来就是以地缘关系和血缘关系建立起来的，同时对村落选址的风水格局以及村民的归属感较为重视；村民间的日常交往和联系都较为频繁，在以辈分、礼法等为代表的儒家思想的主导下形成了相互帮助的稳定聚居聚落。乡村的各类空间作为社会人文要素的载体，在塑造过程中应首先从乡村空间入手，挖掘整合传统空间中的文化内涵。

（二）地域风貌塑造策略

本次研究以"系统整合、分类塑造"的思维，构建具有系统性、整体性的乡村地域风貌塑造内容体系，以便更为有序地控制和引导乡村各类风貌特色的塑造。

1. 自然要素塑造策略

绿化作为自然风貌系统中重要的组成部分，是乡村自然系统的生态基础和底色构成。当前乡村绿化在理念和规划实施中存在着为绿化而绿化的误区，缺乏规划设计、套用单一模式、脱离群众、为美化而绿化等众多弊端，不能实现对乡村绿化环境的有序控制和引导。

（1）宏观层次

1）山水格局塑造策略。应从区域整体的空间格局维护和景观风貌营造的角度出发，通过视线通廊、对景点等视线分析的控制手法，协调好村庄与周边山林、水体、农田等重要自然景观资源之间的联系，形成有机交融的空间布局关系。

2）田园风貌塑造策略。田地和山体是村庄建设范围之外的最主要部分，在丘陵地区，两者往往呈"山在田中，田在山中"的交融，是自然风貌系统中比较特殊的

风貌要素，在乡村的自然风貌系统中能发挥独特作用。田地往往具有地域特征，在平原地区与丘陵地区的风貌截然不同，但都是塑造村庄风貌的独特要素之一。

田地与山体两者常常互为融合，因此将两者整合为一体进行风貌塑造。通过引导村民的种植方式、种植种类、种植时间，形成具有强烈"场域效应"的田园风貌区。基于田地的规模大、范围广，大面积相似的种植排列方式、单一的作物往往能形成具有冲击力的视觉效果和独特的村庄田园风貌，而同一段时间内种植的农作物，由于在种类上的相同，其开花、结果时间也处于同一时间段，也能形成强烈的视觉效果。同时，单一农作物的大规模种植可以形成规模优势，从而也能便于果实的卖出。当前的国家政策也鼓励农业走出传统小农经济生产方式，而应规模化生产，使农业劳动力从农业中解放出来，并提高中国农业的生产效率。

（2）微观层次

1）生产空间绿化塑造策略。引导村民做好耕种时间一致性，从而形成具有一致性的田地绿化景观，农作物的开花时期、结果时期基本集中于某个时期，使田地绿化始终大面积处于某一类颜色，形成了优美的田地绿化风貌。同时，兼具观赏性的生产绿地可布置在邻近村庄的地块里，山地丘陵村庄可布置在靠近村庄的低坡上，提高生产活动的参与性与生产绿地的观赏性。另外，生产绿地应以实际市场需求为导向进行树种选择，多用乡土树种，考虑种植的经济性。

2）公共空间绿化塑造策略。公共空间绿化应遵循适度原则，整体风格应去城镇化，兼顾经济性、实用性和观赏性。

对于村庄内成块的绿地或者空地，可依据村庄空地的地形种植果树、本地树种，并利用树带或其他绿化类型将其他类型绿化联系起来，提高村庄建设区内绿化的整体性，并与村庄更大范围内的绿化区、景观资源取得联系，形成完整独特的村庄绿化视觉体系。对村庄内单株的古树、名贵树木的整治采用周边种植低矮灌木或者设置花坛的形式，以达到强化古树、名贵树木的视觉效果。

需要指出的是，公共空间应该根据村庄的不同类型条件采取不同的整治策略，比如，山地丘陵型村庄宜充分利用村内荒地、村边树林和植被较好的低山丘陵进行改建，并修建步道、凳椅、棋桌、亭台等，步道两边可补植乔木、花灌木。海岛型村庄应重点打造面海山坡景观，考虑海风的影响宜选用高度适中的草灌木点缀种植乔木，形成面海开敞的绿色坡面；草灌木宜选择观赏性强的当地灌木或草花类，如杜鹃、芦苇等；或选种经济类作物，如茶树、葡萄等。

3）滨水空间绿化塑造策略。水系作为乡村自然风貌的重要亮点，是自然环境系统中最具灵气的风貌组成部分。其不仅具有较强的景观活力，同时也对提升与丰富乡村的景观环境和环境品质具有重要影响。

传统的乡村水系整治主要从满足村庄的灌溉和排洪防涝要求出发，侧重于渠灌、护堤的建设，很少从水系与村庄的景观建设视角出发，而对于深层次的将人文内涵融入水系建设则基本处于空缺状态。然而在乡村的营建过程中，水系往往是众多传统空间的发源地，亦是村庄空间的文脉，联系着众多空间和场所，如祠堂往往建于村庄的池塘、泉眼旁。

水系风貌塑造主要从以下两个方面出发：整治和水体保护。一方面应严格控制岸线的变化，杜绝填埋池塘、开挖河岸和湖泊岸线的行为，另一方面应严格控制村庄的污水管道、污水沟的走向，防止村庄的生产、生活污水对水体造成污染。

水体保护：村庄的水体污染源主要有村民的生活污水和乡村工业的工业废水，整治应从环境保护角度出发，对村庄的生活污水和乡村工业废水实行处理排放制度，严格控制污水和废水的无处理化排放。

岸线梳理与整治：首先，村庄河岸的整治主要以行洪、排涝为基本目的，避免岸线开发和破坏岸线的植被，同时还应在绿化较少的河堤段栽种树木，进而巩固河堤。其次，滨水空间从平面上应主动加强村庄公共空间与水系的联系、增加岸线的休闲空间等，同时，水体护岸的断面形式是影响村民与水体亲近关系的最重要因素，这就突出了护岸断面形式整治的重要性。因此，应该结合村庄滨水空间岸线的实际情况，采取不同的护岸整治方式（表5-1）。

滨水护岸形式   表5-1

护岸形式	图示	特点	适用地点
自然缓坡式		有天然的水生植物和良好的景观效果，但防洪和安全性较差	费用和人工投入少，技术含量低，适用于人流少的水系
直落式		占用土地资源少，防洪量大，但安全性最差	主要适用于水位变化较大、土地资源较少地区，如河岸

护岸形式	图示	特点	适用地点
台阶式		根据一年中水位的变化采用高低水位的标高来设计平台，但投资较大	适用于村庄建设范围内水系，或者位于重要的水系节点

4）民宅庭院绿化塑造策略。庭院绿化的主要作用为遮阳、美化、休闲、果用，其绿化形式为花坛、花池、绿地、廊架等，需要指出的是，庭院属于乡村的半开放空间，庭院绿化塑造的前提是尊重民意。

庭院的绿化设计应综合考虑当地的气候条件、地形地貌及文化风俗等多种因素。比如，浙江属于亚热带季风气候，乡土建筑以坐北朝南居多，建筑北面应考虑防护性绿带，以耐阴、抗旱的乔灌木为优；同时，应保证建筑的通风采光要求，选用喜阳、耐旱植物，并考虑叶、果、姿优美的乔灌木；此外，根据方位的不同，植物的疏密也应有所不同。

同时，应根据庭院绿化的不同类型采取不同的策略，根据树种配植方式的不同，庭院绿地可分成经济型、观赏型和立体绿化三类：

经济型：选择1~3种乡土经济果木点植，或梳理、改造原有菜地。

观赏型：面积较大的庭院内宜以乔木为主，且对种植在内的树木的叶、果要求较高，宜搭配种植观赏性强的花灌木。

立体绿化：可选用攀缘植物对庭院围墙、房屋墙面进行垂直绿化；庭院内可采用棚架式绿化，种植藤类瓜果花木。传统木屋顶进行简易处理后也可进行屋顶绿化，种植与当地气候相适应的、易生长的小型植物，如景天科、苔藓类植被。海岛型村庄的民居庭院一般较小，应充分利用立体绿化。

5）乡村道路绿化塑造策略。乡村道路绿地应优先使用乡土树种，并满足各级道路的使用要求；原有道路的绿化应整理利用并适当加植，提升实用性和观赏性。乡村的道路不宜照搬城市道路绿化手法，而应更注重树种的易得性和树种搭配的乡野感；不滥用灌木和草坪。

2. 人工要素塑造策略

人工要素是乡村地域风貌系统最为显性的体系，同时也是最为复杂的要素部分。

不同于自然要素那样仅靠单一景观性的视角来引导，人工要素体系内所包含的因素较多，而这些因素往往相互交融，受到的限制条件也比较多。人工要素之间往往存在着相互的影响关系，因此在风貌塑造中均需考虑相互的影响关系。

（1）宏观层次

1）空间形态塑造策略。根据地形地貌和村庄历史文化特征，灵活采用带状、团块状或散点状空间形态，在切合地形地貌和功能布局合理的前提下，可采用具有历史文化内涵的图案状平面形态。

需要指出的是，地形地貌对村庄的空间影响尤其重要，按照地形地貌的不同可分为以下四种类型：

平地型村庄：用地集约，布局紧凑，不宜采用散点状平面形态。规模较大的村庄可采用团块状平面形态，规模较小的可采用团块状或带状平面形态。

山地丘陵型村庄：应充分利用自然地形，营造良好的空间形态。坡度小于25%的宜采用团块状或带状的平面形态；坡度大于25%的可采用分级台地式带状组合平面形态。

水乡型村庄：应充分利用自然水体，增加水体与村庄的接触面，使水体与村庄有机融合，营造丰富的水乡风貌。

海岛型村庄：应充分利用岸线形态和地形特征，尤其要重视内凹带状布局这一海岛村庄典型平面形态的延续，形成山、海、村有机融合的整体空间格局，营造浓郁的海岛渔村风貌。

2）空间格局塑造策略。通过主要空间轴线及重要节点组织村庄空间，轴线以道路、河网等为依托，串联村庄入口、重要的历史文化遗存、重要的公共建筑及公共空间等节点，形成完整的空间体系。其中，轴线的选择应综合考虑周边自然地形、水系、农田、古树名木等自然因素，形成人工景观与自然景观相互交融的格局。节点选择应体现空间序列整体控制要求，譬如村庄入口可设计具有突出视觉标志性的空间或实体，构建视觉中心，形成鲜明的村庄门户形象。在轴线沿线，特别是道路交叉点和容易迷失方向的关键点，宜通过道路尺度、铺地、绿化、建筑元素、路标和指示牌等强化特定空间序列的导向性。

3）空间肌理塑造策略。空间肌理塑造策略具体分为街巷塑造策略和建筑肌理塑造策略。

街巷塑造策略：街巷是村庄空间形态的"骨架"，起着联系各要素的功能，道路系统不但直接反映村庄居民主要采用的交通方式，而且反映村庄的整体形象，具有形成村庄结构、提供生活空间、体现乡村风貌、布置基础设施等多方面功能。

不同于城市道路，村庄街巷有其自身的特点。首先，村庄街巷承担的交通量较小，街巷断面可以比较简单，大多适宜采用一块板的形式；其次，村庄街巷只要能方便地到达每家每户即可，多数可采取尽端式，而不需要城市道路那样的复杂系统。传统村庄的街巷与当代村庄也有不同。在以水运为主的年代，陆路运输量相对较小，主要适应步行。因此，传统村庄街巷尺度宜人，与建筑及地形地貌结合较好（Williams，1973）。当代的村庄街巷除了满足步行交通外，还应适应合理的机动车交通需求。根据村庄特点，村庄街巷规划应以现有道路为基础，利用地形地貌，顺应现有村庄格局和建筑肌理，延续村庄乡土气息，传承传统文化脉络。

中国传统村庄的街巷一般采用"街—巷—弄"的道路分级体系。这一分级体系脉络清晰，生活气息浓厚。新建街巷的设计应融入原有的历史肌理中，保证乡土气息与地域特色，充分运用地方材料，提取地域性符号，将具有地域特色的物体形式转化为象征性的造型符号，融入街巷设计中，创造出既富有新意，又能充分体现地域性的街巷形象。同时，街巷设计要顺应地形变化并兼顾景观要求，通过街巷的联系性，延续历史和精神场所感。

建筑肌理塑造策略：尊重和协调村庄的原有肌理和格局，处理好新旧片区关系，在统筹兼顾地形条件、空间肌理、历史文脉和现代生产生活方式等方面因素的基础上进行空间设计，避免简单化的全部遵循和全盘否定两种不良倾向，形成新老片区有机共生的关系，保持乡村风貌的整体性和地域特色。

肌理格局应该依据不同地形地貌选择不同的布局，比如平地型村庄宜采用密度较高的建筑肌理，不应出现简单均质化的建筑肌理。山地丘陵型和海岛型村庄的建筑群体组合应充分反映地形地势的特点，地形起伏小的村庄可采用密度较高的建筑肌理，地形起伏大的村庄可采用建筑密度较低的建筑肌理。水乡型村庄宜将河流作为村庄肌理的"主轴线"，形成建筑朝向多面向河流，主要街道与河流方向一致，其余巷道与主街垂直的树枝状村庄肌理。水网密布的水乡型村庄宜根据水网形成水街，通过曲折、进退、对景、节律等处理手法，营造江南水乡独特的水街肌理形态。

（2）微观层次

1）建筑风貌塑造策略。乡村建筑风貌应该依据各要素的实际情况和地域性特点，为其制定具体的控制引导措施。

建筑单元塑造策略：建筑尽可能采用拼接布局的方式以节约用地，拼接方式应结合地形灵活多样，可分为排列式组合和围合式组合。

排列式组合可分为规则组合和不规则组合；宜考虑设置庭院空间，且庭院宜临道路设置（图5-3）。

围合式组合是指多户单体可灵活组合，形成公共院落或晒坝空间，同时应避免邻里间相互干扰；可采取围合形式（"L""U""口"或不规则等多种形式）组合；应合理处理每户出入口与公共空间关系，避免邻里间相互干扰（图5-4）。

建筑屋顶塑造策略：乡村新建房屋则应引导村民采用坡屋顶或者局部坡屋顶的形式，规划应对其提供选择类型，最终形成平坡结合、高低错落的空间风貌。一般而言，村庄内的寺庙建筑屋顶以歇山、庑殿、悬山的瓦屋面形式为主，而其他建筑

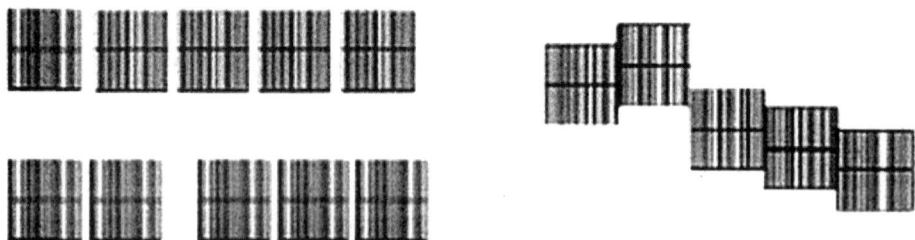

图5-3 建筑单元的排列式组合

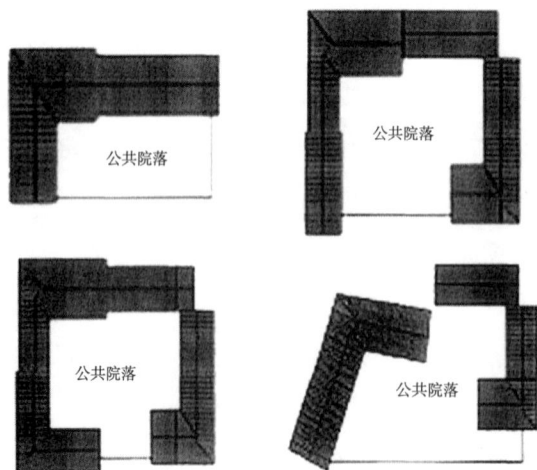

图5-4 建筑单元的围合式组合

以一字形瓦屋面形式为主；对于村庄内平屋顶的农宅应积极引导其进行平改坡，形式以一字形瓦屋面为主，这种屋顶形式具有施工简单、造价低廉的特点。

建筑墙体塑造策略：从某种程度上说，建筑材质的使用决定着建筑墙体的颜色构成。各地村庄建筑色彩多样，但主要以土黄、灰色、白色、青色、红色、黑色为主。针对不同时期的建筑，色彩差异巨大，在以上颜色中选择，确定建筑的主色、辅色、自由色。在建筑中主色占比60%，辅色占比30%，自由色占比10%；就其建筑的各组成部分而言，建筑的立面主色为主色，屋顶颜色为辅色，窗户、门、墙基等的颜色为自由色。通过制定合理的模板和具有针对性的控制引导，塑造出统一、协调、充满韵律感的乡村建筑色彩风貌。乡村常常有着各色各样的石材，因此建筑应充分运用当地石材，突出建筑的质朴感和乡土感。

建筑细部塑造策略：建筑细部塑造对现状建筑主要在于颜色和窗户形式的协调，随着乡村经济水平的提高，还应考虑建筑材料，目前大多数乡村建筑仍然保留着木质的窗框，为此可提供若干个木色窗框形式的窗户作为模板，引导村民的建设和整治行为，从而丰富呆板的立面肌理和色彩关系。同时，也可以运用装饰线条划分建筑立面，尤其是墙基的划分，引导村民建设，从而从立面颜色、开窗等方面形成较为统一的风格。

2）场所风貌。场所风貌主要是指村民进行公共生活、邻里交往的公共空间场所风貌，包括村口空间、街巷空间、广场空间、道路空间、滨水空间、文化空间等，其风貌塑造主要围绕功能、尺度、设施等方面展开。

功能：传统公共空间的活力在于公共空间的多功能适应性，因此公共空间应采用以单一功能为主、多功能适应的塑造方式。譬如，运动场地可以作为稻谷的晾晒场地，在村庄经济水平不高的情况下可节约整治费用，同时又增加了村庄公共空间的使用率，进而展现出不同的景观效果。与此同时，村庄公共空间作为人性化的公共空间，其必然是安全的公共空间，应考虑公共空间中人的安全问题，将村庄的交通引导至道路上。

尺度：村庄公共空间的尺度不应随着交通工具的改变而改变，作为以农业生产为主要生产活动的乡村，其公共空间尺度应以人的步行速度为基准，并根据空间的类型营造出与之功能相适应的氛围，譬如用于集会则需要大尺度空间，而用于文化娱乐则应以小尺度为主。作为公共空间组成部分的村庄街巷，其尺度控制可借鉴日本卢原义信的街道空间宽高比（D/H）理念，他认为空间不同的宽高比会产生不同的空间感受，村庄街巷与城市街道在各方面有相似性，因此也可作为村庄街巷空间的控制引导依据。

设施：增加公共空间的休闲性设施，可以提升公共空间的活力，譬如设置石凳、花架、椅子、健身器材等设施，便于村民随时随地地娱乐与休闲。

杭州市桐庐县富春江镇茆坪村，利用乡土化生活营造手法，探索村庄格局构建和空间场所塑造的新模式。茆坪村尊重村庄肌理及形象，以保护为前提，采用最小化干预与适度恢复策略，实施"微创"设计。根据史料记载和老年人的回忆，对叙伦堂、仁寿桥、茆坪老街、巷弄、文安楼广场、梅园和茆坪印象等节点进行恢复性设计。每个节点以小黑板、墙绘标语、数字石刻等方式展现乡村记忆，并串联成线。这些节点空间在满足村民对公共空间需求的同时，还要兼顾以后游客的活动需求和特定的生活营造（图5-5）。如叙伦堂节点设计，通过了解以前的建筑形制及主人的起居习惯，保留恢复了建筑内庭院的天井和村内很多人记忆中的古鱼缸。知青广场节点整治，通过访谈当年下乡知青，融入杭州知青坐船到桐庐的水运过程展示和知青一天的生活等内容，留存了一代人的记忆。

3. 社会要素塑造策略

社会人文风貌作为乡村地域风貌最具活力的部分，也是塑造过程中可操作性难度最大的部分，但是在创造良好的乡村地域风貌特色过程中，社会人文风貌的营造也必不可少。根据前文对社会人文风貌要素的系统分析，结合村庄的特点，提出"保护、传承、植入"的乡村地域风貌塑造思维，具体如下：

（1）保护。由于社会人文风貌属于软性风貌，是本地村民在漫长的历史活动中对自然规律的总结、对自身愿望的表达而形成的，具有一定的客观科学性，因此对于这类要素总体的思路还是以保护为主，保持村民传统的各种习俗活动。

（2）传承。在保护的基础上，以"取其精华，去其糟粕"的思想为指导，对村庄社会人文要素进行分类，摒弃其中已经不适合现代社会的部分，譬如开展讲座或者通过村委会对村民进行宣传，指出其中的错误观念。而对于其中有利的成分应引导传承下去，并鼓励支持村民组织、发动这类风俗活动，如泼水节、庆祝丰收的活动等。

（3）植入。通过对社会人文要素的分析与分类，提炼出其中某些要素植入村庄空间中，譬如在布局上可融入风水思想、宗教信仰，在田地、绿化整治过程中可结合村庄的传统经济生产活动，在公共空间整治规划当中结合村庄宗祠文化，注意开

探究

——根据对当年驻村知青的访谈，提炼知青插队茆坪经历的要点，借用数字等简洁的表达方式融入以乡土元素为基底的现状场地中。

■ 挖掘历史

⬇

◯ 提炼要点

⬇

设计落地

⬇

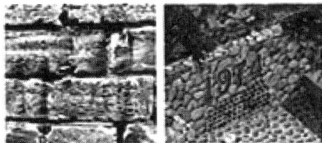

下乡	路程	报到	生活	收益	贡献
1974年，来自杭州低压电器厂职工的子女插队下乡茆坪村。	当时杭州至茆坪村有6km的行程，乘船路费6毛钱。	当年来自杭州的插队下乡的知青为19人。	共同生活的19人中，有11名男同志，8名女同志，其中一对喜结连理。	在茆坪插队的5年中，知青们靠上山砍柴贩卖为济，月收入为5块钱。	改造荒滩为良田，成为余粮村。其中60%为粗粮，40%为细粮。
1974	6	19	11/8	5	40/60

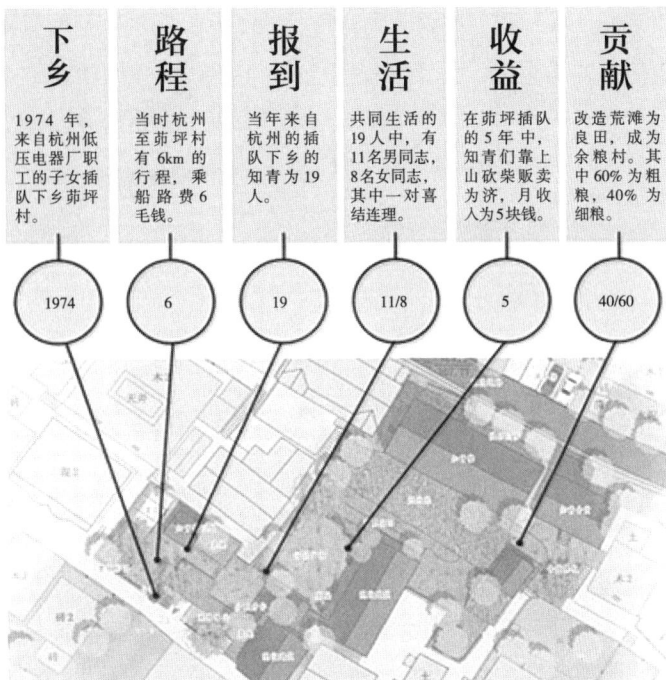

编织

——整合知青时代特征，将这些元素编织进整个区块节点。主要以小黑板、墙绘标语、数字石刻、场景小品等表现方式呈现。

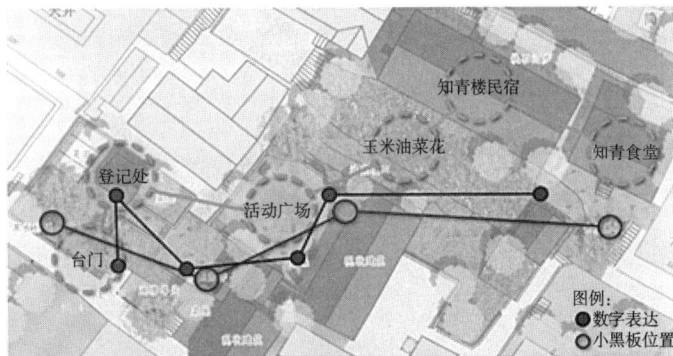

复原历史台门

标语横幅意向

各区块搭设小黑板

散盖柴垛

表演与晒场功能互相转化

登录处趣味盖章

数字表达

图 5-5　茆坪村节点改造和串联图

放空间、半私密空间以及私密空间的划分，从村庄空间景观中再现村庄的社会人文历史（表5-2）。

社会要素的实体表现　　　　　　　　　　　　　　　　表 5-2

社会人文要素	植入方式
生产活动	田地、绿化等
风俗习惯（节庆活动）	公共空间的尺度、设施、公共设施的设置、步行道的组织等
宗祠文化	建筑朝向、户型、风格等
风水理论	村庄布局、建筑户型、建筑朝向等
宗教信仰	特定的公共空间布局

浦江县仙华街道登高村以"复原场所精神"为导向，在塑造村庄社会人文风貌方面做出有益探索（图5-6）。登高村现有户数218户，人数547人。由于位于山顶，海拔较高，发展出以登高精神为代表的乡村文化。登高不仅是古朴通俗的

图 5-6　复原场所精神

生活习俗，也有风雅的宋朝遗风和艺术气息。规划利用玄关、明堂广场、宗祠等空间场所作为活动载体，通过公共环境艺术、解构重构、植入再生等手法，将乡村文化融入现代生活和展示传承，达到精神的回归。具体体现在以下几点：一是以书画吸引热衷宋代书画的艺术创作家汇聚，举办书画赛、论坛，创建马良书画院、大师工作室、写生平台等空间场所，来营造整个村的文化气息，提升村民个体的文化艺术品位；二是利用登高村的高山蔬菜、高山茶叶、特色米面、家酿米酒等饮食，打造以"养生素食"为特点的"登高宋食套餐"系列来招待客人；三是规划通过空间场所打造来复兴与传承各类传统民俗活动，以及丰富图书阅览、乡村电影等现代休闲娱乐生活。以村庄明堂广场为例，明堂广场是主要的晒场，是收获丰收和喜悦最好的地方；是儿童游戏的天堂；是人情味十足的各类红白喜事宴席地；也是乡村电影的放映地。因此，明堂空间首先要满足村民晒秋、集会、村宴以及各种民俗活动需求，维持开阔平整的场地，保证主要空间有阳光的照射，树木种植选择落叶树种，在此基础上再对广场边界进行人性化、趣味化设计，恢复明堂广场乡村露天电影等活动。

二、技术指引框架

（一）层次与要素

风貌要素是组成乡村地域风貌特色的基本单元，根据不同的性质，可将其分为物质要素和非物质要素，本次研究将重点研究物质要素。

对于物质要素而言，乡村地域风貌塑造可分为两个层次，即宏观层次和微观层次。宏观层次主要包括空间形态、空间格局、空间肌理三个社会人工要素和自然山水及绿化植被的自然生态要素；基于宏观层级的要素衍生出建筑风貌、场所风貌、场所绿化风貌的微观要素，其中建筑风貌主要包括建筑群组与建筑单体，其控制要素为屋顶、墙体、单元和细部。

场所风貌主要包括村口空间、街巷空间、广场空间、道路空间、滨水空间与文化空间风貌；其控制单元为尺度、界面、地面铺装、绿化、环境小品、基础设施。场所绿化风貌包括场所空间绿化、公共空间绿化、滨水空间绿化、民宅院落绿化、乡村道路绿化；其控制要素为乔木、小乔木、地皮植被等植物要素。

（二）内容与要求

塑造内容主要包括现状分析和规划策略两方面。现状分析方面，主要对地域特色以及现状问题进行分析，并辅以相应的图纸照片进行说明；规划策略方面，主要提出对要素的具体营造建议或设计方案，并辅以图示，一般提供两个以上方案，对重要节点还可提供整改前后对比示意图。通过对已有规划案例的分析，现对各营造要素的营造内容要求总结如表5-3所示。

乡村地域风貌塑造的内容与要求

表5-3

自然要素	宏观	山水格局	分析山、水、田、林等基本要素，提取其特征，提出山水绿化的格局
		绿化植被	分析村庄绿化林木和田园形式，提出绿化植被组织建议
	微观	场所绿化整治 — 乔木	给绿化分层次（道路绿化、庭院绿化、广场绿化、滨水绿化等），并分析现状绿化特色及存在的问题，提出整改建议，并附图示；分析地方特色植被，提出植被选择建议，并附图示
		场所绿化整治 — 小乔木	
		场所绿化整治 — 地被	
人工要素	宏观	空间形态	分析现状村庄的空间布局特色，提取村庄空间布局模式，提出村庄空间形态布局的控制方案
		空间格局	分析现状的空间特色，提取重要的空间节点和空间流线，提出空间组织方案和整治控制方案
		空间肌理	分析现状的肌理空间特色，提取肌理的重要特征模式，提出肌理格局的控制意见，其主要包括建筑肌理和街巷肌理两个层面
	微观	建筑风貌 — 屋顶	分析地方建筑特色屋顶风格、形式、材质和色彩，提取现状屋顶风格、形式、材质和色彩，对比得出现状屋顶问题，提出屋顶风格、形式、材质、色彩的建造和整改建议，并附图示
		建筑风貌 — 墙体	分析地方建筑特色墙体材质和色彩，提取现状墙体材质和色彩，对比得到现状墙体问题，提出墙体基本色调和参考色彩，以及主要材质建议，并附图示
		建筑风貌 — 单元	分析地方建筑的体量、形态，以及院落形式，对比现状问题，提出单元组合建议，并附图示
		建筑风貌 — 细部	分析现状门窗、栏杆、立柱等建筑细部存在的问题，依托现状就经济性、文化性、协调性、风格、尺度、材质等方面提出推荐做法和不宜做法的建议，并附图示

			尺度	结合不同场所（街巷、村口、广场、道路、滨水等）的功能要求，提出尺度控制的基本原则，并附图示
人工要素	微观	场所风貌	界面	结合不同场所（街巷、村口、广场、道路、滨水等）的视觉围合要求，提出界面控制的设计方案，并附图示
			地面铺装	提取地方设计要素，提出地面铺装方案的设计理念及具体设计要求，并附图示
			场所绿化	分析现状绿化特色及存在的问题，提出整改建议，并附图示；分析地方特色植被，提出植被选择建议，并附图示
			环境小品	提取地方设计要素，提出建筑小品、标识、雕塑等重点设施的设计理念及具体设计方案，并附图示
			基础设施	分析现状卫生环境及垃圾箱、公共厕所等卫生设施问题，提出整改建议或设计方案，并附图示

三、乡村地域风貌塑造设计引导

结合乡村地域风貌特色，按照"安全、经济、实用、美观"的原则，确定乡村地域整体景观风貌特征，并进一步明确地域风貌塑造的设计引导要求。

（一）总体结构设计引导

充分结合地形地貌、山体水系等自然环境条件，引导乡村形成与自然环境相融合的空间形态，传承乡村文化特色，并与空间形态、地域特色有机融合。水乡村庄应结合水系组织轴线，形成由宅、街、水三种要素组合而成的空间序列景观。结合水系线形设置亲水空间节点。山地丘陵村庄应顺应地形和地势走向组织轴线，坡度急缓相结合。在轴线急剧转折处或长距离坡道中间设置休憩观景节点。海岛村庄应充分利用码头、岸线组织轴线，形成生产和生活场景互相交融的活动空间。

（二）空间肌理延续引导

尊重和协调村庄的原有肌理和格局，处理好新旧片区关系，在统筹兼顾地形条件、空间肌理、历史文脉和现代生产生活方式等方面因素的基础上进行空间设计，避免简单化的全部遵循和全盘否定两种不良倾向，形成新老片区有机共生的关系，保持村庄风貌的整体性和地域特色。通过空间格局、山水环境、街巷系统、建筑群落、公共空间等的保护与延续，形成整体有序、层次清晰的空间形态。

（三）公共空间布局引导

结合生产生活需求，合理布置公共服务设施和住宅，形成公共空间体系化布局；从居民的实际需求出发，充分考虑现代化农业生产和农民生活习惯，形成具有地域文化气息的公共空间场所；积极引导住宅院落空间建设，合理利用道路转折点、交叉口等组织院落空间。

（四）风貌特色保护引导

保护原有的村落聚集形态，处理好建筑与自然环境之间的关系；保护村庄街巷尺度、传统民居、古寺庙以及道路与建筑的空间关系等；继承和发扬传统文化，适当建设标志性的公共建筑，突出不同地域的特色风貌。

（五）绿化景观设计引导

充分考虑乡村与自然的有机融合，合理确定各类绿地的规模、范围和布局，提出乡村环境绿化美化措施，确定本土绿化植物种类。提出乡村闲置房屋和闲置用地的整治和改造利用措施；确定沟渠水塘、壕沟寨墙、堤坝桥涵、石阶铺地、码头驳岸等的整治措施；提出村口、公共活动空间、主要街巷等重要节点的景观整治措施。村口建筑应精心设计、构思新颖，体现地方特色与标志性；村口风貌应自然、亲切、宜人；村口、公共活动场地等景观节点可通过小品配置、植物造景与建筑空间营造等手段突出景观效果；村中心地段建设应精心设计、构思新颖，体现地方特色与标志性。

（六）建筑设计引导

乡村建筑设计应因地制宜，重视对传统民俗文化的继承和利用，体现地方乡土特色；同时充分考虑农业生产和农民生活习惯的要求，做到"经济实用、就地取材、错落有致、美观大方"，挖掘、梳理、展示浙江民居特色；提出现状农房、庭院整治措施，并对村民自建房屋的风格、色彩、高度等进行规划引导。

（七）环境小品设计引导

环境设施小品主要包括场地铺装、围栏、花坛、园灯、座椅、雕塑、宣传栏、废物箱等。各类小品主要布置于道路两侧或集中绿地等公共空间，尺度适宜，结合环境场所采用不同的手法与风格，营造丰富的村庄环境。场地铺装的形式应简洁，用材应乡土，利于排水；围栏设计应美观大方，采用通透式，装饰材料宜选用当地天然植物；花坛、园灯、废物箱等风格应统一协调。

（八）竖向设计引导

根据地形地貌，结合道路规划、排水规划，确定建设用地竖向设计标高。标明道路交叉点、变坡点坐标与控制标高，以及室外地坪规划标高等内容。

第六章

浙江乡村人居环境营造

第一节　政策背景

　　"三农"问题一直以来是国家关注的焦点问题。自 2003 年以来，中央 1 号文件已连续 20 年锁定"三农"问题，农村地区的发展、农村人居环境的改善成为解决"三农"问题的重要突破口。与此同时，党的十八大提出"四化同步"的发展要求，即促进农业现代化与新型工业化、新型城镇化、信息化同步发展，农村地区已经成为城乡统筹发展的重点区域。随着我国经济社会的转型发展，以及城镇化水平的进一步提升，统筹城乡的新型城镇化发展成为我国现阶段工作的重点。浙江省是新型城镇化发展的先行地区，推动城乡一体化发展，促进农村地区的发展已经成为浙江新型城镇化发展的核心命题。

　　自 2003 年浙江省开展"千村示范、万村整治"工程以来，经过 20 年的发展建设，按照"一张蓝图绘到底，一任接着一任干"的要求，统一规划，分步实施，逐步深入，从农村环境、基础设施和公共服务设施建设起步，不断拓展建设内容，初步形成了整体推进美丽乡村建设的格局，有力地保障了全省 2.8 万个行政村 1700 万农户的生产生活条件，也为今后人居环境的持续改善奠定了坚实的基础。

一、促进浙江省"两美浙江"建设稳步推进

　　"建设美丽浙江，创造美好生活"是建设美丽中国在浙江的具体实践，也是对历届省委省政府提出的建设绿色浙江、生态省、全国生态文明示范区等战略目标的继承和提升。改善农村生态人居环境是"两美浙江"建设的重要内容，通过农村生产、生活、生态环境的持续改善，深入推动美丽乡村建设，形成优美舒适、宜业宜居的农村人居环境，努力实现天蓝、水清、山绿、地净，稳步推进"两美浙江"建设。

二、促进浙江省新型城镇化健康有序发展

　　新型城镇化是统筹城乡发展的城镇化，促进农村地区的发展是推动新型城镇化的重要支撑。通过城市基础设施向农村延伸、城市公共服务向农村覆盖、城市现代

文明向农村辐射，以城促乡推动农村地区发展，缩小城乡差距，推动城乡协调发展，促进全省新型城镇化健康有序发展。

三、促进浙江省农村生产生活环境优化提升

农村生产生活环境改善是一项民生工程。通过完善农村基础设施和公共服务设施，综合治理农村环境，保障农村人居环境安全、健康、便捷；通过保护与发展传统村落，深化建设美丽乡村，彰显农村人居环境特色风貌；通过农村人居环境综合改善，全面推动农村生产生活环境优化提升。

第二节　浙江乡村人居环境改善与营造的主要任务

一、提升农房建设水平

（一）健全农村住房保障

1. 切实保障农村困难群众基本住房需求。以保障基本住房需求为原则，注重基本保障和基本功能，通过政府引导与市场机制相结合，救助标准与城镇最低住房保障标准相衔接，全面开展农村住房救助工作，切实解决农村最低生活保障家庭中的无房户、住房困难户以及因灾倒房无自救能力家庭的住房问题。

2. 全面推进农村危房改造。把危房改造与村庄整治、传统村落保护等工作相结合，全面推进农村危房改造。在保护历史文化遗产的基础上根据村庄规划要求进行建设，新建住房原则上应拆除原有住房；扩建、修缮住房，要在对房屋进行加固的基础上，对房屋立面、屋顶、外墙进行整修，对屋前屋后道路进行硬化、绿化，改善村容村貌。

3. 加快"农民异地搬迁"工作。以高山远山区域、地质灾害隐患区域、重点水库库区等地的群众为主要搬迁对象，以公共服务好、就业机会多的县城、中心镇、小城镇为主要迁入地，编制和完善以县为单位的农民异地搬迁年度计划，有计划、有步骤地组织实施农民异地搬迁，确保农民"搬得出、稳得住、富得起"。积极推

广自然村整体搬迁、宅基地同步复垦、公寓式集中安置、公司化运行管理、差异化补助补偿等搬迁安置和补助方式，实现了以 26 个山区县（市、区）为主的有关乡镇每年搬迁 6 万人以上，2017 年基本完成农民异地搬迁工作。

4.继续推进渔民上岸安居工程。坚持政府引导、渔民自愿、科学规划、整体推进、分步实施的原则，按照"能上岸、能稳定、能致富"的要求，以全省以船为家的渔民为对象，加大扶持力度，推进转产转业，保障基本生活，改善水域环境。分年度、分批次组织以船为家的渔民上岸安居，提高渔民生产生活水平。2015 年完成 3005 户经济困难的渔民上岸安居，2020 年基本完成渔民上岸安居工作。

（二）提高农房质量安全

1.加强农房抗震防护。进一步完善农房建筑抗震设防技术标准，集镇、中心村和异地搬迁安置小区等公用设施按照抗震设防要求和抗震设计规范进行规划、设计和施工。建立农村民居建筑抗震技术咨询服务体系，组织编制适宜的地震安全农居设计和施工方案，示范推广抗震设防的农居房图样。普及建筑抗震知识，积极引导农民在建房中采取科学的抗震设防措施，提高农民防震意识和抗震设防技术运用能力。

2.强化质量安全监管。严格审查农房选址，避免在地质灾害隐患地段建房，确保住房安全。建立健全村镇工程建设质量安全巡查管理制度，强化建设质量安全监管，建立技术指导组，开展农房建设技术指导，特别要加强对农房基础、梁柱、屋面施工等重点环节的指导。加强农村建筑工匠分级培训，提高施工技能水平，规范农村建筑工匠从业资格管理，强化建筑质量安全责任，确保新开工建设的农房达到抗震设防和质量安全要求。

3.促进农房安全使用。对全省易受台风、洪涝、泥石流等自然灾害影响的村庄开展全面普查，对农房防灾能力进行认定，做好防灾避灾工作。加强对农村自建农房的安全使用管理，对农房设计、施工等重点环节开展指导，县市建设部门定期进行技术指导和巡查，建立跟踪机制，落实安全责任，探索建立农村自建房安全使用管理制度，确保农房"安全、实用、经济、美观"。

（三）倡导绿色农房建设

以安全实用、节能减排、经济美观、健康舒适为导向，结合美丽宜居示范村建设，积极开展绿色农房建设示范，建成一批绿色农房试点示范，带动一批绿色建材下乡。推广绿色建筑，做到就地取材、经济易行、施工简便。开发推广节地、节能、节水、节材的适宜农村地区使用的技术工艺和材料，鼓励使用当地的石材、竹木等乡土材料，注重节能门窗、轻型保温砌块（砖）、陶瓷薄砖、节水洁具、水性涂料等绿色建材产品的应用与推广。大力推进太阳能、生物质能、地热能、风能等可再生能源应用，提高资源化利用水平。逐步建立并完善促进绿色农房建设的政策措施，优化农房功能布局，提高居住舒适性，保障农房质量安全，促进"绿色发展、循环发展、低碳发展"。

二、完善基础设施与公共服务设施

（一）完善农村基础设施

1. 推进道路与交通设施建设。加强全省农村公路建设，提升农村道路建设水平，促进行政村等级道路全覆盖，实现行政村内部主要对外联系道路全部硬化，逐步推动通组通户道路硬化，方便村民出行。加强农村客运场站建设，积极推进行政村汽车停靠点建设，拓展通村客运班车服务范围，提高运营班次频率，建立有效覆盖全省各地区的农村公共客运服务体系，方便村民生产生活。提升全省农村公路建、管、养、运一体化发展水平，着力打造美丽公路。2017 年行政村客车通达率达 95% 以上，城乡客运一体化率达 65% 以上；2020 年行政村客车通达率达 98% 以上，城乡客运一体化率达 70% 以上。

2. 推动安全饮水建设。推进联村并网工程，按照"能延则延，能并则并，能扩则扩"的原则，以跨村、跨镇规模化供水为发展方向，促进城镇管网向农村敷设延伸，扩大城镇水厂覆盖范围。按照乡镇供水集中与分散相结合的原则，平原地区进一步实施城乡供水一体化工程，山区和海岛地区宜根据地形状况、水源条件等分散设置供水设施。推进供水管网改造工程，改造老旧不符合建设标准的农村供水管网，消除"跑、冒、滴、漏"和管道二次污染，减少水资源浪费，节省运行成本。推进制水工艺改造工程，配套完善水处理净化消毒和安全防护等设施设备，提高供水水质，推进标准化供水。2017 年全省农村自来水入户率达 98%，2020 年达 99%。提升工程完成后，全省农村规模供水工程（日供水规模 200t 以上或供水人口 2000 人以上）供水人口比率达到 77%，管网渗漏率降低到 15%，水质合格工程数量提升到 80%。

3. 推进农业节水改造工程建设。积极谋划"四个百万工程"，即百万亩坡耕地雨水集蓄旱粮喷灌工程、百万亩农业园区智能化标准型微灌工程、百万亩林园地经济型喷灌工程、百万亩水稻区管道灌溉工程，持续大力推进农业节水。实施大中型灌区续建配套与节水改造，小型农田水利重点县等节水灌溉提升工程。2016 年新增改善灌溉面积 300 万亩，新增高效节水面积 140 万亩。

4. 加快电网升级改造。推进乡村电网整体升级改造，建成"结构合理、技术先进、供电可靠、节能高效"的新型农村供电网络，建设高标准电气化村。2015 年完成农村农用电力线路改造移交，实现农网改造全覆盖；2017 年电气化行政村覆盖率达 100%。进一步提升供电可靠性，完善县城及中心镇高压电网配网结构，实现农网与主网架多通道联系；完善中压电网结构，推进环网改造，更换老旧设备，消除过载线路和配变；改造低压电网，缩短供电半径，加大线路截面。2020 年农村电网供电可靠率达 99.95%，综合电压合格率达 99.8%。推进微电网建设，加快试点，满足屋顶（大棚）光伏、小型风电、沼气发电、生物质能发电等分布式电源的接入。推广智能电表应用，2020 年全省农村智能电表应用率达 100%。

5. 促进清洁能源普及。加大农村太阳能、生物质能、风能等可再生能源综合开发力度，因地制宜发展农村户用沼气、大中型畜禽养殖场沼气工程和农作物秸秆气化集中供气系统，积极推动天然气、液化石油气、农村沼气等清洁能源的普及，增加清洁能源比重，优化农村能源结构。推进城镇燃气管网向农村延伸，鼓励城镇郊区的中心村发展管道天然气，鼓励山区和半山区的中心村、海岛和沿海地区中心村使用液化石油气。2017 年发展农村管道燃气用户 50 万户，农村清洁能源利用率达到 70%；2020 年农村清洁能源利用率达到 75%。

6. 加快环卫设施建设。加强农村垃圾收集处置网络化建设，各乡镇设立生活垃圾转运站、建筑垃圾中转站。2017 年乡镇设立生活垃圾转运站、建筑垃圾中转站建成率达到 70% 以上，2020 年达到 85% 以上。

7. 推进农村信息化建设。全面贯彻"宽带乡村"战略，积极推进农村"三网融合"工程，推动网络共建共享；积极推动有线宽带网络向 20 户以上的自然村延伸，提高农村互联网普及率；积极开展 4G 网络布点，逐步扩大 4G 无线网络的覆盖面，2017 年实现行政村村委所在地 4G 网络全覆盖。依托现有的广电有线网络和中波无线网络，构建省市县三级统一联动、安全可靠的农村应急广播体系，有效提升政府应急管理能力，2015 年实现农村应急广播体系行政村全覆盖。大力推进农村公共服务、社会管理和生产经营的信息化建设，加快农村信息化综合服务平台建设，推进农村综合治理信息系统建设。推广物联网技术在农业生产中的应用，促进农村电子商务发展，建设农产品市场监测预警系统、农业生产资料市场监管系统、农村市场与科技信息服务系统，全面提升农村信息化水平。

8. 加强农村旅游基础设施建设。进一步加大对农村旅游基础设施建设的投资与支持力度，完善旅游基础设施；大力建设乡村绿道，做好绿道网与公共交通网的衔接，推动城市公交服务网络向周边主要景区和乡村旅游点延伸，进一步优化交通功能；加强旅游集散中心的建设，实现游客集散、交通换乘、信息咨询和产品订购等多项服务功能的统一；建立和完善旅游应急救援服务体系，完善消防、安全防护、安全警示、紧急救援电话等设施，做好灾害性天气预报和地质灾害预警服务。2020 年基本形成较为完善的农村旅游基础设施。

（二）提升公共服务功能

1. 加快文化礼堂建设。按照有场所、有展示、有活动、有队伍、有机制以及学教型、礼仪型、娱乐型的"五有三型"标准加快文化礼堂建设，坚持"建管用"一体化，突出思想引领，积极推进教育教化、乡风乡愁、礼节礼仪、文化文艺进礼堂，把文化礼堂打造成为布局合理、功能完备、管理有序的村级文化阵地综合体，使之成为村庄的文化地标和农民群众的精神家园。2017 年全省共建成文化礼堂 6000 家以上，2020 年建成 8000 家以上。

2. 推动体育设施普及。统筹城乡体育设施建设，不断加大农村体育设施建设的投入力度，大力扶持体育公共服务的发展。系统规划和建设覆盖城乡的全民健身设施，构建以乡镇全民健身中心、中心村全民健身广场、一般村健身点等为重点的农村全民健身设施体系。积极改革体育公共服务的供给机制，努力提供切合农村居民实际需要的公共体育设施、体育培训、体育健身指导、健康咨询、体质监测等体育公共服务，大力推进覆盖城乡的体育公共服务体系建设。2017 年人均体育设施面积达到 $1.65m^2$，90% 以上行政村设有 1 个篮球场及健身路径、乒乓球场等小型体育设施；2020 年人均体育设施面积达到 $1.8m^2$，所有行政村均设有 1 个篮球场及健身路径、乒乓球场等小型体育设施。

3. 优化教育服务设施。统筹城乡义务教育资源配置，进一步优化农村教育设施布局。实施义务教育标准化学校建设，统筹规划，分步实施，加大投入，全面提高农村中小学校办学质量和水平。大力发展农村学前教育，把幼儿园纳入农村公共服务体系，统一规划，优先建设，全面构建以乡镇中心等级幼儿园为主体的农村学前教育体系，在建设好乡镇中心学前教育设施的基础上，根据当地实际，在行政村或自然村设置规模适合的学前教育设施，以方便学龄前儿童就近入园。2017年义务教育标准化学校比例达到90%，等级幼儿园覆盖率达到93%，农村学龄儿童入学率不低于85%；2020年义务教育标准化学校比例达到95%，等级幼儿园覆盖率达到95%，农村学龄儿童入学率不低于90%，基本实现农村孩子就近入园。

4. 提升医疗卫生服务。进一步完善医疗卫生服务体系，以县级医院能力提升、乡镇卫生院（社区卫生服务中心）标准化建设、村级卫生服务覆盖为重点，进一步完善农村三级医疗卫生服务网络，积极培育形成一批具有较大规模和较强服务能力的中心镇医疗卫生服务机构，建成标准化中心村卫生服务机构。加快建立统筹城乡的基本医保管理体制，探索整合职工医保、城镇居民医保和新农合的管理职能和经办资源，实行统一管理，提高农村医疗保障水平。2017年新型农村合作医疗参保率达98%以上，2020年达98.5%以上。

5. 加快养老设施建设。把农村居家养老服务工作纳入社会养老服务体系建设全局，加大投入力度，加快制定和完善机构养老服务、居家养老服务等相关标准，优化配置农村养老服务设施，通过挖掘与整合养老资源，促进乡镇敬老院发展成为集院舍住养和社区照料等多种服务功能于一体的综合性养老服务中心，为老人提供住养和居家养老服务。通过改造农村"星光老年之家"、老年活动室，整合利用现有农村社区基础设施和场地，建造农村社区居家养老服务照料中心，为有需求的老年人，特别是高龄、空巢、独居、生活困难及失能的老年人，提供集中就餐、托养、健康、休闲和上门照护等服务。2020年基本实现农村社区居家养老服务照料中心全覆盖，基本形成15分钟农村居家养老服务圈。

6. 优化商业设施布局。以"万村千乡"市场工程为载体，加强农村商贸流通设施和商业网点设施建设，积极培育城乡连锁超市龙头企业，促进城乡商贸业加快发展；以乡镇连锁超市和行政村连锁便利店为基础，促进城乡商业网点合理布局；集中打造一批布局相对集中，集多种服务功能于一体的村级现代商贸服务中心，不断提高农村便利店覆盖率；进一步推动"电子商务进万村工程"，通过建设农村电子商务服务店和配送服务中心，建立健全农村电子商务服务体系，进而解决农民买难、卖难、创业难等问题。2017 年农村便利店覆盖率达到行政村全覆盖，力争农村电子商务服务点覆盖面达到 50%，每个县建成 1 个以上能够满足当地农村商品统一配送需要的配送中心，建成一批乡镇现代商贸服务区和村级现代商贸服务中心；2020 年农村电子商务服务店覆盖面达到 70%。

7. 构筑金融公共服务平台。以省农信联社为载体，构建农村合作金融公共服务平台。发挥省农信联社整合服务优势，积极开发科技支撑、信息交流、资金运营以及风险互助等公共服务平台，为农村合作金融机构提供全方位的公共服务。探索组建全省统一的县域金融综合公共服务平台，在构建信息汇总处理、数据资源共享、业务监管等基本功能的基础上，逐步形成集信息交流、流程管理、业务监管、风险互助、融资服务、产品研发等功能于一体的综合性公共服务平台，为广泛分布于县域和农村的小型金融组织提供高质量、标准化的公共服务。

三、强化环境综合治理

（一）加强生活环境治理

1. 推动农村生活污水治理。注重全域治污理念，打破行政区域界线，统筹科学布局城乡污水处理厂，实现县域污水治理的统一规划、统一建设、统一管理，因地制宜规划农村生活污水处理系统，采用集中型、区域型、联户型以及分户型等多种污水治理模式相结合，选择经济实用、维护简便、循环利用的生活污水治理工艺，科学制定农村生活污水治理规划。按照示范引路、全面推进的工作要求，有计划、有步骤地加以推进。2017 年农村生活污水治理村覆盖率达到 85% 以上，农村生活污水治理农户受益率达到 65%；2020 年农村生活污水治理村覆盖率达到 90% 以上，农村生活污水治理农户受益率达到 70%。重点对农户做好规范化改厕，建设规范化粪池，2017 年农村卫生厕所普及率达到 97%，2020 年达到 100%。

2. 促进农村生活垃圾治理。扩大垃圾分类试点，构建"户分类、村收集、镇转运、县处理"的农村垃圾收集处置网络，探索垃圾减量化、资源化利用的方式，试点村重点开展分类减量化设备配置和资源化利用设施建设，探索农村垃圾减量化处理的"分类收集、定点投放、分拣清运、回收利用、生物堆肥"等各个环节的科学规范、基本制度和有效方法。在试点基础上选择条件成熟的村庄进行经验推广，推动全省农村垃圾减量化、资源化利用。建立村庄保洁制度，开展全民参与的垃圾集中清理活动，积极探索农村垃圾收运有偿服务，推行市场化卫生保洁服务，加强村庄卫生保洁、设施维护和绿化养护等工作，落实相应人员、制度、职责、经费。2017年培育垃圾减量化、资源化利用试点村2000个，2020年培育3000个。

3.推动卫生村创建工作。加强健康素养科普宣传，充分开发和利用社会科普资源，建设一批设置科学、特色突出、内容丰富、群众乐见的健康场所，将健康元素融入群众日常生产和生活中，发挥示范、带动和辐射作用，提高群众健康素养。结合"四边三化""五水共治"、美丽乡村和风情小镇建设，全面推动卫生乡镇、卫生村创建工作。通过创建活动，进一步加强农村环境卫生整治，改善农村生产生活环境。2017年6000个行政村建有健康阵地，全省新增10个国家卫生镇、100个省级卫生镇、600个省级卫生村；2020年1.2万个行政村建有健康阵地，全省新增20个国家卫生镇、200个省级卫生镇、1200个省级卫生村。

4.加快违章建筑治理。从无存量违法建筑、无新增违法建筑、无非法"一户多宅"方面加强违章建筑治理，做到即拆即清，宜耕则耕，宜绿则绿，宜建则建，拆后土地得到及时有效利用。坚持源头治理，为民惠民，提高全社会防控和治理违法建筑意识。制定实施方案，建立申报、验收机制，实施动态管理，构建有完善的制度体系、有健全的规划体系、有完备的防控体系、有规范的农民建房保障体系的"四有"体系，建立违法建筑防控和治理的长效机制。稳步推进"无违建县（市、区）"创建工作，确保村容村貌更加整洁。

（二）强化生产环境治理

1.推进畜禽养殖污染全面治理。推进畜禽养殖区和居民生活区科学分离，明确畜禽养殖污染治理的责任主体，调整优化畜牧业布局，鼓励养殖小区、养殖专业户和散养户进行适度集中，对污染物统一收集和治理，推动集约化养殖。大力推广农牧结合、资源利用等畜禽养殖污染生态化治理模式和水禽旱养技术，养殖场（小区）与农田（水田、旱地）、茶（果、桑）园、养殖水面和山林统一布局建设，努力实现生态消纳。推进畜禽粪便收集处理中心建设，提高禽畜粪便收集和综合利用水平；加快建设病死动物无害化集中处理设施，加强病死动物收集、暂存、装运、无害化处理等环节监管，提高病死动物无害化处理水平。2017年建成42个病死动物无害化集中处理厂，畜禽养殖场排泄物综合利用率达到97%以上；2020年巩固完善42

个病死动物无害化集中处理厂，提升运行能力，保证有效运作，畜禽养殖场排泄物综合利用率达到 98% 以上。

2. 全力推进种植业污染防治。大力发展生态循环农业，积极开展农业废弃物资源化利用。继续推进秸秆还田、绿肥轮作、水肥一体化技术和新型肥料应用，加大配方肥和商品有机肥推广力度，推进病虫害统防统治，全面推广高效环保农药和绿色防控技术，提高肥料利用率，建立健全农药废弃包装物回收体系，减少对环境的污染。2017 年高效环保农药推广使用面积达 85% 以上，农作物秸秆综合利用率达到 90% 以上，废弃农膜回收率达到 90% 以上；2020 年高效环保农药推广使用面积达 90% 以上，农作物秸秆综合利用率达到 92% 以上，废弃农膜回收率达到 93% 以上，种植业对环境的污染得到有效治理。

3. 开展水产养殖污染整治。坚持生态优先，加快现代生态渔业建设，着力构建环境友好型的水产养殖业。实施渔业转型促治水四大工程，水产养殖集中区域必须实行水环境监测，按照不同养殖区域的生态环境状况、水体功能和水体承载力，科学划定禁养区、限养区，确定合理的养殖种类、容量和方式，严格控制水库、湖泊和滩涂的养殖规模。深化水产养殖污染治理，着重开展水产养殖污染治理工作，加强近岸海域污染治理。2017 年全省完成水产养殖塘生态化改造面积 50 万亩，稻鱼共生轮作面积 50 万亩，水产养殖禁限养区划定和整治面积 50 万亩，水产资源增殖放流达到 33 亿尾（内陆），有效减少水产养殖产业发展对水环境造成的负面影响，丰富水生生物种群数量，实现水域生态环境改善、渔业产业发展和渔民增收三赢的格局。

4. 加强农村工业污染防治。严格按照"关停淘汰一批，整合入园一批，规范提升一批"的原则和重点行业整治提升标准，深入推进重污染高耗能行业和低端块状经济整治提升，实现行业结构合理化、区域集聚化、企业生产清洁化、环保管理规范化、执法监管常态化。在巩固铅酸蓄电池、电镀行业整治提升成果基础上，深入推进制革、印染、造纸、化工及小冶炼等行业整治。2015 年全面完成重污染高耗能行业整治提升任务，电镀企业入园成产率达到 70%；2017 年印染行业重复用水率达到 40% 以上，造纸行业综合废水重复利用率达到 65% 以上。严格执行国家环保标准，确保污染物稳定达标排放，适时提高重点流域环保标准。分流域、分行业制定和实施对 COD、氨氮、总氮、总磷的特别排放限值。加快制定更加严格的重点重污染行业地方标准，严格落实太湖流域水污染特别排放限值，钱塘江流域、其他七大流域、全省所有地区分别于 2014 年年底前、2015 年年底前、2016 年年底前，全面实施重污染行业水污染物特别排放标准限值。

5. 强化土壤环境保护和综合治理。全面开展重点区域土壤环境调查，建立全省土壤信息数据库，加快构建土壤环境监测体系，逐步实现主要农产品产地土壤环境状况动态监控。实行严格的土壤保护制度，严格控制新增土壤污染，明确土壤环境保护优先区域。以基本农田、主要农产品产地特别是"米袋子""菜篮子"基地为重点，加大粮食生产功能区、现代农业园区土壤环境保护力度，加快建设一批不同污染类型的土壤治理修复试点示范工程。深化重金属、持久性有机污染物综合防治，建立覆盖危险废物和污泥产生、贮存、转运及处置的全过程监管体系。2020 年主要农产品产地土壤污染得到有效控制。

（三）加强生态环境治理

1. 加强河道综合整治。以"五水共治"工程为依托，与"三改一拆""四边三化"协同推进，2016 年全面消除黑臭河。深入实施万里清水河道建设及中小河流治理，加大水生态保护与修复力度，加强平原河道湖漾整治及水系连通建设，全省河道保洁实现全覆盖。按照"引得进、流得动、排得出"的总体要求，增强水环境承载能力，构建良好的水生态系统。全面落实"河长制"，制定实施各级"河长制"工作方案，建立健全"河长制"工作的巡查和例会、信息报告、应急处置、组织协调、指导服务、督查督办、考核激励、宣传教育、全民参与等工作机制。

2. 推进"森林浙江"建设。大力发展生态林业、富民林业、人文林业，全面实施五年绿化平原水乡、十年建成森林浙江。严守生态保护红线，依法保护 4000 万亩生态公益林；实施平原和沿海绿化工程，深化"四边"区域和"三改一拆"区域绿化，建成一批绿化、彩化、美化的彩色森林带；启动实施浙北水网平原区湿地水环境生态治理、浙东滨海及岛屿潮间区生物多样性保护、浙中西南内陆湿地水源涵养及生物多样性保护三大湿地修复工程；实施森林抚育工程，加强国有林场基础设施建设，全省完成抚育改造 1000 万亩；深入实施珍贵树种进万村行动，全省建设珍贵树种种苗繁育基地 1 万亩，培育苗木 1 亿株，发展珍贵树种用材林储备基地 100 万亩。2017 年全省平原林木覆盖率力争达到 19% 以上，国省道公路、铁路两侧宜林地段绿化率达到 96% 以上，主要河道两岸宜林地段绿化率达到 96% 以上，农田林网控制率达到 90% 以上，基本建成绿树成荫、田林交错、林水相依、车行景移的平原水乡生态景观；2020 年全省森林覆盖率稳定在 61% 以上，平原林木覆盖率稳定在 20% 以上，以森林绿化美化为标志之一的生态系统初步实现良性循环。

3. 提高综合防灾能力。推进农村屋顶山塘和饮用水源山塘综合整治、水库除险加固、易灾地区生态环境综合治理，进一步健全基层防汛防台体系，做好防洪排涝工作，保障村庄免受洪涝灾害。严格落实消防规划，与旧村改造和新村建设同步规划建设消防车道、消防水源，完善消防器材和设施，改善农村消防安全环境。建设村庄避灾场所，每个村应有一个避灾安置点。通过完善农村防灾减灾设施，提高农村综合防灾减灾能力。

（四）开展土地集约整治

1. 科学编制整治规划和实施方案。做好与县（市）域总体规划、村镇规划和新一轮土地利用总体规划的衔接，明确村庄定位，积极引导村庄合理调整布局，科学编制农村土地综合整治规划及实施方案，明确各建设项目的目标任务、区域定位、实施步骤和保障措施，有序推进农村土地综合整治建设。

2. 规范推进农村土地综合整治。实行开发与整理联动、复垦与盘活并重、增量与减量挂钩的策略，统一规划、整体开发、配套建设，积极鼓励盘活利用存量土地，新建区块尽量不占用耕地，少占用其他农用地和未利用地。构建银行与政府合作平台，引导社会资金参与农村土地综合整治，研究制定节余指标调剂与收益管理办法。推行整镇整治、整乡整治的做法与经验，建立和完善有利于地方和农户参与农村土地综合整治的激励机制和政策。2020 年实施农村土地综合整治项目 2000 个以上，整治面积 20 万亩以上，开展农村土地综合整治示范村建设 2000 个以上。

3. 规范农村宅基地管理。从严控制农村宅基地建设用地规模，农民建造住宅要严格执行乡镇土地利用总体规划和村庄规划，从严控制占用耕地，严禁占用基本农田。除农村文物建筑、历史建筑外，推进农村"一户多宅"和"建新不拆旧"的专项整治工作，坚决贯彻农村宅基地"一户一宅"的规定。按照"严格管理、提高效率、便民利民"的原则，健全办事制度，规范审批行为，提供优质服务，依法完善农村宅基地审批管理。各地要进一步健全土地执法动态巡查制度，切实加强农民住宅建设用地的日常监管，及时发现和制止各类土地违法行为。

4. 推进低丘缓坡荒滩未利用地利用。继续推进金华、衢州、丽水地区低丘缓坡和宁波、台州、温州地区荒滩未利用地开发利用试点，把握试点实施进度和节奏，推进试点土地开发利用，做好实施情况评估，及时总结经验，在试点成熟的基础上推广低丘缓坡荒滩利用经验。对低丘缓坡后备资源开展调查，探索建立"台地产业、坡地村镇"的低丘缓坡开发利用新模式，鼓励和引导产业、村镇优先开发利用未利用地及劣质农用地，减少对平原优质耕地的占用，达到"保障发展、保护资源"的双赢效果。

四、加强传统村落保护

（一）保护历史文化遗产

1. 全面保护村落物质遗存与非物质文化遗产。一是继续做好历史文化名村的保护工作。按照《历史文化名城名镇名村保护条例》和《浙江省历史文化名城名镇名村保护条例》的要求，做好全省历史文化名村的保护工作，依法编制批准和严格实施保护规划，保持和延续其传统格局和历史风貌，维护历史文化遗产的真实性和完整性。2017 年全部历史文化名村得到有效保护。对于其他符合申报条件的传统村落，要积极组织申报历史文化名村，将传统村落纳入依法保护管理的轨道。二是分批推进传统村落物质环境保护，按照"一年成形、二年成品、三年成景"的要求，科学编制规划，细化保护方案，加快项目推进，重点落实国家保护单位和省级保护单位集中成片的传统村落整体保护。遵照统筹兼顾、综合保护的原则，整体保护传统村落的传统选址、格局、风貌等整体空间形态与环境，保持物质空间的真实，注重生态环境和生产生活方式的延续，实现传统村落保护的完整性、真实性和延续性。积极开展省市各级传统村落申报工作。2020 年实现全省超过 1000 个传统村落得到较好的保护，为"美丽浙江、诗画江南"建设奠定坚实的基础。三是保护传统村落的非物质文化遗产。加大对传统艺术、传统民俗、人文典故、地域风情、地方特产等非物质文化遗产的发掘力度，保护非物质文化遗产以及与其相关的实物和场所，彰显村落历史文化、农耕文化、生态文化等文化遗产的独特魅力。

2. 完善名录与挂牌保护文化遗产。开展补充调查，摸清传统村落、传统民居的底数，完善各级传统村落和民居的保护名录。做好村落和民居文化遗产的详细调查，按照"一村一档"要求逐步建立村落档案，对列入名录的优秀传统民居进行造册登记和建档管理。切实保护古树名木和濒危植物，加快推进古树名木权属确认，抢救一批濒危古树名木。依法及时将具有一定保护价值的文物古迹和传统民居公布为文物保护单位或历史建筑。对传统村落及民居等各类保护对象实行挂牌保护，在村口和保护对象的显要处挂出。各级文物保护单位、历史建筑按有关法律法规要求做出标志说明，并进行挂牌。

3. 稳妥开展传统建筑保护修缮。加快开展对历史建筑与传统民居的抢救性保护，特别是濒危的文物保护单位、历史建筑等文化遗产。谨慎推进一般性的传统建筑修缮和改造，每个中国传统村落先选择若干处代表性传统建筑（民居）进行示范改造，在保持传统风貌和建筑形式不变的前提下对室内设施进行现代化提升。2020 年全省示范性地开展超过 10000 幢历史建筑与传统民居的保护修缮。传统民居的外观改造应运用传统工艺、使用乡土材料。涉及文物保护单位、历史建筑的保护修缮，应符合法律法规相关规定。

4. 建立本地传统建筑工匠队伍。传统建筑的修缮应采用传统工艺并由传统建筑工匠承担。传统村落所在地的市县要发现并培育本地传统建筑工匠，聘请优秀传统建筑工匠对本地工匠进行培训。整理并保存传统建筑建造过程的完整记录，总结传统建造技术的优缺点，结合现代技术进行改良提升。

（二）协调景观风貌

1. 保护历史风貌。保护传统村落、传统民居的历史环境与历史风貌，尤其是村落内古路桥涵垣、古井塘树藤等历史环境要素，以及各类文物古迹、传统民居的空间形态和原有风貌，充分展现富有文化特色的整体景观风貌。对历史文化名村、传统村落保护范围内的建筑整治和新建、扩建活动，应当严格按照保护规划执行。

2. 协调周边风貌。加强传统村落、传统民居周边建筑环境的风貌协调，从建筑高度、建筑体量、建筑材料、建筑色彩、建筑风格等方面加强对周边新建、改建建筑的控制引导，实现整体风貌的有机协调。核心保护范围外的风貌不协调建筑可适当进行外观改造，不宜大规模拆除。

3. 融入地域环境。加强传统村落周边地形地貌、河湖水系、农田、乡土景观、自然生态、历史人文等相依存环境的保护，通过自然与人文环境的烘托，真实地展现传统村落与地域环境相融的景观风貌特色。

（三）合理发展利用

1.提升居住环境品质。整治和完善传统村落的道路、供水、供电、垃圾和污水治理等基础设施，完善消防、防灾避险等必要的安全设施。修复原有水系、水塘，构建引得进、排得出的水系；整治村落文化遗产周边、公共场地、河塘沟渠等公共环境，优化村落街道景观，修复村内古道，保持村落整体景观节点传统风貌，严禁不符合实际的村口改造。改善农民居住条件，促进传统建筑内部现代化、现代建筑外观本土化、居住条件人性化。

2.延续和拓展使用功能。延续传统村落的生活居住功能，保障原住民的权益；挖掘传统村落的社会与情感价值，通过开展丰富多彩的群众性文体活动等方式，展示丰富多彩的文化景象；对闲置传统建筑、空间场所等加以合理开发利用，优先用于村落的文化、教育、体育、医疗卫生等公共服务设施配置，并结合空间环境与传统建筑的保护利用、特定空间场所的塑造，使之成为寄托乡愁、感受乡情、体验情感的空间载体。

3.开展研究和教育实践活动。加大对优秀传统文化价值的弘扬，挖掘村落的历史、科学、艺术等价值，辅以博物馆、陈列室等功能设施，广泛开展各类文化、研究、教育普及活动，使村落成为研究和教育实践基地。

4.有序发展传统特色产业和旅游。立足村落经济、交通、资源等条件，在正确处理资源承载力、村民接受度、经济承受度与村落文化遗产保护之间关系的基础上，挖掘村落经济价值，培育和发展村落休闲旅游、民间工艺作坊、乡土文化体验、传统农家农事参与，以及民宿、文化创意等特色产业。

（四）强化保护监管

1.强化保护技术指导。加快成立省市级传统村落与传统民居保护专家委员会，为传统村落与传统民居保护提供决策咨询与政策建议，并开展相关保护技术研究。切实加强专家团队的技术指导，每个中国传统村落应确定一名省级专家组成员，参与村内建设项目决策，现场指导传统建筑保护修缮等工作。

2.加强项目建设监管。传统村落各类建设项目必须符合保护发展规划要求，保护发展规划范围内的建设项目必须严格按照法定程序执行乡村建设规划许可，并依据传统格局、建筑风格、外观形象、建筑材料、色彩等规划条件核发；涉及文物保护单位、历史建筑的，严格依照相关法律法规执行。传统建筑工匠应持证上岗，修缮文物保护单位、历史建筑的应同时取得文物保护工程施工专业人员资格证书。

3.加强项目实施监督。传统村落保护项目实施期间，传统村落保护专家委员会及工作组专家分片区巡查、督导各类项目的实施，提出整改意见。同时鼓励社会监督，建立明查和暗访制度，保证各类项目在尊重保护发展规划的前提下公开透明地实施。

4.创新保护机制。建立健全相关法律法规，落实保护与发展责任义务，探索建立传统建筑认领保护制度，探索传统民居产权制度改革，引导社会力量通过多种方式参与保护。建立传统村落与民居的档案和保护管理信息系统，实施预警和退出机制。

五、推动美丽宜居示范村创建与美丽乡村建设

（一）积极推进美丽宜居示范村创建

1.推进示范引领。深入推进美丽宜居示范村创建，以"田园美、村庄美、生活美"为目标，以村庄环境整洁、垃圾户集村运、污水有效处理为标准，使农房错落有致，人居环境宜人，区域特色鲜明。示范村重点落实"一个规划、三拆三化"项目建设，并重点在特色风貌塑造、绿色生态节能、土地集约节约等方面作示范，在创建美丽宜居村规划、设计、施工一体化推进机制方面作示范，力求试点可复制、可推广。每年安排200个"有山、有水、有文化"的村作为全省美丽宜居示范村试点，并择优选取5个村创建国家级美丽宜居示范村。2017年全省建成超过1000个规划设计一流、质量安全一流、风貌特色一流、生态环境一流、社区管理一流的美丽宜居示范村。2020年全省建成超过1200个美丽宜居示范村，为全省农村在提升宜居水平、彰显地域特色、传承弘扬历史文化、节约集约利用资源等方面发挥显著的示范带动作用，引领全省美丽乡村创建。

2.深化推广落地。继续深入推进"美丽宜居"优秀村庄规划和优秀村居设计方案竞赛活动。一是实现图纸上网，按照群众和专家意见，对设计方案进行修改完善，精选优秀村居设计作品上网供群众浏览下载，并编印成册免费发放给广大农民使用。二是实现成果落地，选择一批优秀村庄规划方案作为美丽宜居示范村试点实施，同步推广使用优秀村居设计作品，推动规划落地与农房建设，切实提高示范村的建设

水平。

3. 打造"浙派民居"。以建设"诗画江南"为目标导向，加强村居风貌技术指导与管理。结合全省传统民居调查，梳理不同文化分区传统民居的类型、谱系、特色，总结提炼浙江省传统民居的建筑特征和文化脉络，为各地村居风貌优化提供技术指引。同时，加强村居建设管理，新建及整治农房重点在建筑形式、细部构造、室内外装饰等方面延续民居风格，打造具有地域特征、民族特色、时代风貌的"浙派民居"。

（二）全面建设美丽乡村

1. 推进"县—镇—村—户"四级联创。深度推进美丽乡村建设，从传统历史、人文积淀、资源禀赋、地形地貌、群众愿望出发，全面构建美丽乡村创建先进县示范县、美丽乡村示范乡镇、美丽乡村精品村、美丽乡村庭院清洁户四级联创机制。2017年全省绝大多数县（市、区）达到美丽乡村创建先进县标准，20%左右的县（市、区）培育成为美丽乡村示范县，60%以上乡镇开展整乡整镇创建，10%以上行政村成为美丽乡村精品村或特色村，5%以上农户成为美丽乡村庭院清洁户。2020年所有县（市、区）达到美丽乡村创建先进县标准，40%左右的县（市、区）培育成为美丽乡村示范县，65%以上乡镇开展整乡整镇创建，20%以上行政村成为美丽乡村精品村或特色村，10%以上农户成为美丽乡村庭院清洁户。

2. 推进"点—线—面"连片创建。全面推进美丽乡村建设，以中心村培育建设和文化村保护利用为重点，以农村环境全面提升和农民住房全面改造为基础，坚持"把重点打造为精品，让基础实现普惠"的要求，加大建设力度，彰显人文特色，健全长效机制，形成"点上出彩、线上成景、面上美丽"的美丽乡村格局，显现"两美浙江"战略下"四美三宜两园"美丽乡村的整体成效，推进城乡经济社会发展一体化。继续推进"四边三化"工程，以节点、门户等重点地段为着力点，以沿景区、沿产业带、沿山水线、沿人文古迹等为轴线，连线成片地推进洁化、绿化、美化工作，建设平原、水乡、山区、海岛等各具特色和魅力的美丽乡村风景带，从根本上、整体上、区域上改变浙江乡村风貌和农村生产生活条件，实施面域范围优化、美化、亮化。2020年在优化提升现有创建的基础上，新增1000个特色精品村落、300条景观带，优化县（市）域范围美丽乡村的环境景观品质。

3. 推进中心村培育建设。按照浙江省新型城镇化发展和美丽乡村联动建设要求，未来将继续执行已有的各项扶持政策，大力培育建设中心村，优化村庄和农村人口布局，通过村庄整理、经济补偿、异地搬迁等途径，推动自然村落整合和农居点缩减，引导农村人口集中居住。以中心村为节点，按照推进基本公共服务均等化的要求，加快公共服务覆盖，引导城镇道路、电力、电信、广电、自来水、垃圾收集、污水治理等向农村延伸，公交、医疗、卫生、教育、文化、社保等向农村覆盖，推进城乡一体化发展。每年持续启动 300 个左右中心村建设，2020 年培育建成 4000 个中心村，形成以中心村为支点的美丽乡村格局。

（三）强化生态经济

1. 发展乡村休闲农业与生态高效农业。立足各自村庄的资源特色，积极发展各类乡村休闲观光农业等新兴产业，利用田园景观、自然生态、环境资源等，结合农耕文化、农民生活和农业设施，加强规划设计与科学管理，发展集生产、教育、环保、游憩、保健、文化传承等多方面功能的休闲观光农业，不断拓展农业多样性功能。同时，深入推进现代农业园区、粮食生产功能区建设，发展农业规模化、标准化和产业化经营，推广种养结合等新型农作制度，大力发展生态循环农业，扩大无公害农产品、绿色食品、有机食品和森林食品生产。

2. 发展乡村旅游与文化创意产业。坚持规划、建设、管理、经营并重，进一步利用农村森林景观、田园风光、山水资源和乡村文化等优势资源，发展各具特色的乡村休闲旅游业，加快形成以重点景区为龙头、骨干景点为支撑、古村落文化游和"农家乐"体验游为基础，休闲、观光、民宿、养生等多种业态相融合的乡村休闲旅游业发展格局。同时，结合村庄的特色条件和民俗文化，注入电子商务、流行时尚、工艺美术和艺术创作元素，引导扶持发展文化创意产业，建设一批淘宝村、艺术村和创意农庄，不断壮大村庄物业及经济实力。

3. 发展乡村低碳工业。严格控制新增工业门类，按照生态功能区规划的要求，严格产业准入门槛，严禁"二高一资"产业到水源保护区、江河源头地区及水库库区入户；鼓励有条件的村建设标准厂房，发展无污染的来料加工和旅游品加工产业、特色手工业等适合乡村的低碳工业。加快现有乡村工业的调整转型，深入实施"四换三名"和"百家升级工程"，推动乡村企业到乡镇工业功能区集聚，严格执行污染物排放标准，集中治理污染；推动"技术创新推进工程"和"落后产能淘汰推进工程"在农村的实施，推行"循环、减降、再利用"等绿色技术，调整乡村工业产业结构，促进全省经济的转型发展。

4. 美化生态环境

（1）彩化森林景观。深入实施森林浙江战略，推进景观森林建设，通过抚育、补植等技术措施，对低效、残次森林进行优化配置，因地制宜地加入四季变化的优良彩色阔叶树种，在改善水源涵养、水土保持、生物多样性保护等生态功能的基础上，美化乡村山林景观。重点在建德、江山、开化等县（市）试点的基础上，实施全面推广，2020年形成一批环境优美的森林景观带和风景线，彩化森林景观，建设美丽浙江。

（2）美化乡村绿道。全面推进浙江省域各级绿道网建设，重点实施乡野型、山地型绿道，将散布在浙江大地上的乡村与自然景观、历史文化景观要素有机串联，构建融合优美景观、宜人生态、健康生活的乡村绿道网络。全省范围内重点打造环莫干山异国风情带、环太湖江南水乡休闲带、环钱塘三江两岸景观带、环千岛湖生态休闲带、滨海山海风情休闲带、浙西南秀美山水风光带等村落密集区的乡村绿道网。2020年全省重点建成50条区域性绿道，构建省域"万里绿道网"。

（3）绿化村庄环境。开展村庄绿化美化建设，优先保护古树名木，并以增加绿量为重点，注重现有林木资源保护，优选乡土植物，充分利用公共绿地、道路两侧、宅间空地、庭院空间、沟渠、池塘、河道等载体，形成道路河道乔木林、房前屋后果木林、公园绿地休憩林、村庄周围护村林相互联结的村庄绿化格局，创建一批有特色的森林村庄和生态示范村。按照集中连片、区域推进的方式，整县推进森林城镇建设和整镇推进森林村庄建设。同时，在原有村庄整治基础上，加强村域的规划管理，开展农房及院落风貌整治，保护和修复水塘、沟渠等村庄设施，并结合水土保持等工程，保护和修复自然景观与田园景观，保持村庄整体风貌与自然环境相协调。

（四）繁荣生态文化

1. 开展宣传教育。深入开展文明村镇创建活动，把提高农民群众生态文明素养作为重要创建内容。深化开展"双万结对、共建文明"活动和农村"种文化"活动，开辟生态文明橱窗等生态文化阵地，运用村级文化教育场所开展形式多样的生态文明知识宣传、培训活动，形成农村生态文明新风尚。

2. 推进素质提升。深入实施"千万农民素质提升工程"，推进农民转移就业技能培训、农业专业技能培训、农村"两创"实用人才培训等各项培训计划，健全分级分类的农民培训体系与培训平台，切实提高农民的科技素质、职业技能和经营能力。

3. 转变生活方式。结合农村乡风文明评议，开展群众性生态文明创建活动，引导农民生态消费、理性消费。倡导生态殡葬文化，全面推行生态葬法。

4. 促进乡村和谐。全面推行"村务监督委员会"制度，进一步深化"网格化管理、组团式服务"工作，积极推行以村党组织为核心和以民主选举法制化、民主决策程序化、民主管理规范化、民主监督制度化为内容的农村"四化一核心"工作机制，合理调节农村利益关系，有序引导农民合理诉求，有效化解农村矛盾纠纷，维护农村社会和谐稳定。

第七章

浙江历史文化（传统）村落保护发展

第一节　政策背景

一、乡村振兴战略的发展要求

2017 年 10 月 18 日，习近平同志在党的十九大报告中指出，实施乡村振兴战略，要坚持农业农村优先发展，按照"产业兴旺、生态宜居、乡风文明、治理有效、生活富裕"的总要求，并明确"三步走"时间表，提出了中国特色社会主义乡村振兴道路的实现路径。

2018 年 7 月，习近平同志对实施乡村振兴战略作出重要指示，强调实施乡村振兴战略是党的十九大作出的重大决策部署，是新时代做好"三农"工作的总抓手。各地区各部门要充分认识实施乡村振兴战略的重大意义，把实施乡村振兴战略摆在优先位置，坚持五级书记抓乡村振兴，让乡村振兴成为全党全社会的共同行动。

随着乡村振兴上升为国家战略，历史文化（传统）村落的保护与发展面临新的要求与挑战，因此应该以新的视野，重新审视与探索浙江省历史文化（传统）村落保护发展的新模式。

二、浙江省相关工作进入新阶段

自 2003 年习近平总书记在浙江工作期间作出实施"千村示范、万村整治"工程的重大决策以来，浙江省就以"八八战略"为总纲，结合美丽乡村建设陆续开展相关村庄的保护、修缮和建设，着力挖掘乡土文化根脉，大力加强非物质文化遗产保护，深入推进传统村落和历史文化村落的保护发展。

2023 年，中共浙江省委办公厅、浙江省人民政府办公厅发布了《关于在城乡建设中加强历史文化保护传承的实施意见》，明确了指导思想、基本原则、总体目标与八项行动任务，对浙江省历史文化（传统）村落保护发展以及在城乡建设中加强历史文化保护传承提出了更高要求。

三、区域发展新战略提供新机遇

近年来，随着浙江省"四大建设""诗路文化带"等一系列战略的逐步落地，区域融合发展深入推进，为历史文化（传统）村落的群体发展提供了新机遇。

四、国土空间规划体系下面临新一轮整合机遇

在国土空间规划体系重构的大背景下，全省国土空间全要素即将面临新一轮整合，历史文化（传统）村落作为省域特色要素之一，也将面临群体结构优化，以融入全省空间资源配置新格局。

第二节　浙江历史文化（传统）村落保护的主要特征

一、山水关联特征

（一）海拔高程分布特征

1. 总体特征：中低海拔为主，平原谷地集中、丘陵山地分散

海拔高程分布特征是历史文化（传统）村落的一个重要属性，海拔高程及地形起伏状况的不同，将直接产生不同的水热组合，从而影响当地的农业生产方式，乃至形成具有一定特征的农业习俗及村落文化。或者说，海拔高程及其地形常常通过农业生产对聚落形式，包括其规模及其文化产生影响（佟玉权，2014；尹璐等，2010）。

从村庄点、核密度（30km）分析与地形海拔高程的叠加分析来看，历史文化（传统）村落的海拔高程分布特征为中低海拔为主，平原谷地集中、丘陵山地分散。统计显示，随着海拔高程的升高，村落的数量逐渐减少。其中海拔高程在100m以下的村落共有1061个，占总数的21.73%；200m以下的村落占总数的50%以上；海拔高程在1000m以上的村落共77个，仅占总数的2.38%。

2. 分类特征

各类历史文化（传统）村落均呈现随海拔高程上升数量减少的特征，绝大部分村落分布在海拔高程 200m 以下地区。历史文化名村平均海拔高程 230m，传统村落平均海拔高程 340m，历史文化村落平均海拔高程 226m。其中在海拔高程 400~700m 区域的传统村落数量较多，主要是衢州、丽水地区的传统村落（表 7-1）。

各类别村落海拔高程分布特征　　　　　表 7-1

类型	海拔高程分布图	海拔高程分布特征
历史文化名村		
传统村落		
历史文化村落		

从村庄形成的机制来看，低海拔的垂直分布特征与传统村落的农耕文化属性是一致的。农耕世界以农为本的经济属性，决定了它的基本特征在于它自给自足

的地方性模式（吴于廑，1983）。民以食为天，农耕首先要满足粮食的自给自足。浙江省水稻种植历史悠久，宋时已有"苏湖熟，天下足"的民谚；明、清时期，更注重精耕细作，集约经营。一方面，较低的海拔通过影响光照、热量、水分、土壤等农业生产条件可缩短农作物的成熟周期、提高产量（穆桂春等，1988）；另一方面，水稻的种植和农田设施的修建，都有赖于大量的劳动力，低海拔的平原、丘陵地区地势较为连续平坦，适合大面积耕作，村民也可就近安家建村，大大提高生产效率。

（二）水系关联特征

1. 总体特征

按水系形态分为平原水网区块和河流湖泊水系。

平原水网区块主要为浙北杭州湾周边，与村落分布具有一定的关联性。其他河流湖泊水系与村落分布关联性不强。共有 48.38% 的村落在主要水系 5km 范围内，其中 31.69% 的村落在主要水系 3km 范围内，22.29% 的村落在主要水系 2km 范围内，14.54% 的村落在主要水系 1km 范围内，9.08% 的村落在主要水系 500m 范围内。

2. 分类特征

分类别来看，历史文化名村的空间分布与水系的关联程度最高，共有 51.97% 的历史文化名村在主要水系 5km 范围内，10.16% 的历史文化名村在主要水系 500m 范围内。传统村落的空间分布与水系的关联程度相对较弱，46.77% 的传统村落在主要水系 5km 范围内，8.58% 的传统村落在主要水系 500m 范围内（表7-2）。

各类别村落水系关联特征统计　　　　　　　　　　　　　表7-2

缓冲区（m）	总数占比（%）	历史文化名村（%）	传统村落（%）	历史文化村落
500	9.08	10.16	8.58	9.40
1000	14.54	15.51	13.39	15.47
2000	22.29	24.06	19.69	24.44
3000	31.69	31.02	30.55	32.83
5000	48.38	51.87	46.77	49.39

二、区位交通特征

（一）总体上，不同空间集聚区块与不同等级道路的关联程度有差异

通过最近距离计算，我们了解了浙江历史文化（传统）村落与不同等级道路的总体相互关联特征，为了进一步了解不同区域的传统村落与不同等级道路的关系，利用 ArcGis10.3 的 Analyst（分析工具）中的 Proximity（邻域分析）的 Multiple Ring Buffer（多环缓冲区）工具，以不同等级道路的车流量及辐射情况，且以 1km、2km、5km、10km 为缓冲区带宽，对国道、省道、主要县道的缓冲区域进行显示，并与历史文化（传统）村落分布图叠加，得到国道、省道、县道多环缓冲图。

（二）国道

省域大部分历史文化（传统）村落与国道的关联程度并不高，与国道联系呈现出区域不平衡的现象。关联程度最高的传统村落为浙西一带集聚区，大部分在国道 10km 缓冲范围内。浙中一带集聚区有小部分分布在国道 20km 辐射范围的边缘地区，大部分不在辐射范围内。浙东一带集聚区、浙西南一带集聚区几乎不在国道辐射范围内。

（三）省道

省域大部分历史文化（传统）村落在省道 10km 的辐射范围内。其中，浙西南一带集聚区中的北部区块、浙东一带集聚区、浙中一带集聚区村落大部分在省道 5km 的辐射范围内。浙西一带集聚区零散分布在省道辐射范围边缘地区。同时在浙西南行政界线边缘地区仍存在少数传统村落既不在国道缓冲区内，也不在省道缓冲区内。

（四）主要县道

浙西南一带集聚区的南部区域大部分在主要县道 5km 缓冲区域内，关联度较高。浙东一带集聚区大部分传统村落与主要县道的关联度很低，浙西一带集聚区、浙中一带集聚区传统村落与主要县道的关联度不高。

（五）小结

前述分析可见，不同空间集聚区块对不同等级道路的关联程度有所差异。有关历史文化（传统）村落集聚区与道路的关联程度可总结为浙西一带：国道 > 省道 =

主要县道；浙中一带：省道 > 国道 > 主要县道；浙东一带：省道 > 主要县道 > 国道；浙西南一带北部区块：省道 > 主要县道 > 国道，南部区块：主要县道 > 省道 > 国道。

三、县城中心关联特征

（一）总体特征：普遍区位条件较差

村落与城市的最大不同在于，城市一般包括了住宅区、商业区和工业区等，并且具备行政管理功能。就历史文化（传统）村落而言，主要满足了农业人口的居住生活，并以农业生产为主要生产方式，其他需求主要依赖于城市的供给。依据城市的人口、经济、文化及行政职能等，具有多级别村镇的城市在一个具体区域内，所有村镇因他们所起的不同作用而互相联系。县城为全县经济、政治、文化和商业服务中心，起着整个县域内农村聚落的核心作用（金其铭，1989）；同时各县市作为传统村落保护与开发的具体规划者和实施者，对传统村落的发展有指导作用。

目前，浙江有 63 个县、市（区）拥有各级各类历史文化（传统）村落。以这 63 个县、市（区）为主要关联对象，利用 Google Earth 提取县、市（区）政府所在地的地理信息，通过 ArcGis10.3 中的 analyst（分析工具）中 proximity（邻域分析）功能的 near（近邻分析）工具，计算传统村落距离县、市（区）中心的最近距离，导出后进行分组频率计算，绘制得到浙江历史文化（传统）村落与县、市（区）中心最近距离分析图（图 7-1）。

浙江历史文化（传统）村落与县级城镇中心最近距离的平均距离为 15.29km，分布从 0.5km 到 58km 不等（图 7-2）。

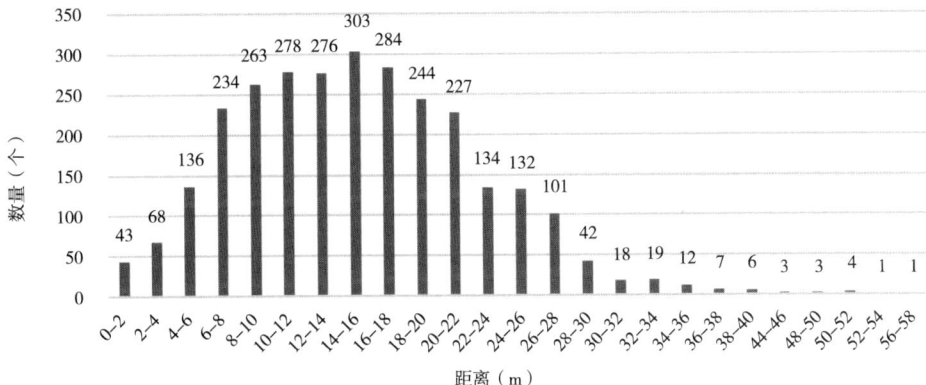

图 7-1　各村落距离县级城镇中心最近距离统计

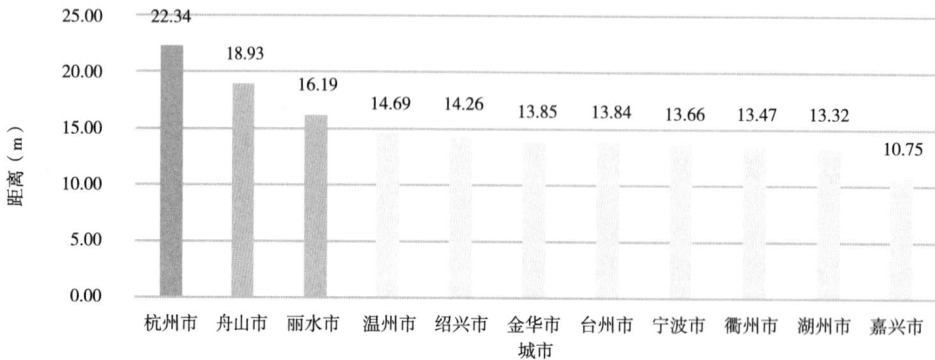

图 7-2 各地市历史文化（传统）村落距离县级城镇中心最近距离统计

分析显示，浙江历史文化（传统）村落集中分布在距离县级城镇中心的 6~26km 的区域内。对各村落与县级城镇中心最近距离进行统计发现，基于距离远近，各历史文化（传统）村落与县级城镇中心的联系情况可分为三类。

一类联系良好。包括湖州市、衢州市、宁波市、台州市、金华市、绍兴市、温州市，最近距离的平均距离在 10~15km。

二类联系一般。包括丽水、舟山，各村落与县级城镇中心最近距离的平均距离在 16~18km 区间内。

三类联系较弱。为杭州市，各村落与县级城镇中心最近距离的平均距离在 22km 以上。

总体来看，村落是目前行政区划中最小的行政单元体，可视为中心地理论中最低一级的受辐射聚落"点"，自身的"增长极"作用几乎为零，受到外界的干扰和影响较小。影响其发展动力因素主要有区位因素、资源禀赋因素（包括自然资源、人文因素等）、经济因素（包括自身产业基础和产业发展状况、技术水平的外展及内外投资的引导）、政策因素（包括政府调控及制度保障）四个层面（周建明，2014）。四个层面中，结合交通和城镇的位置分析，认为历史文化（传统）村落普遍区位条件较差，其发展急需外力积极引导和扶持。

（二）分类特征

各类村落距离县市中心最近距离差异不大，其中省级历史文化村落保护利用重点村距离最近，为 14.33km，中国传统村落距离最远，为 16.25km（表 7-3）。历史文化名村与最近城市的距离为 6~20km，传统村落与最近城市的距离在 6~22km 之间，历史文化村落与最近城市距离在 6~22km（表 7-4）。

各类别村落与县市中心最近距离分布统计　表 7-3

类别		平均距离（km）
历史文化名村	国家级历史文化名村	14.95
	省级历史文化名村	14.67
传统村落	中国传统村落	16.25
	省级传统村落	15.05
历史文化村落	省级历史文化村落保护利用重点村	14.33
	省级历史文化村落保护利用一般村	15.23

各类别村落与县市中心最近距离分布特征　表 7-4

类型	距离分布特征
历史文化名村	
传统村落	

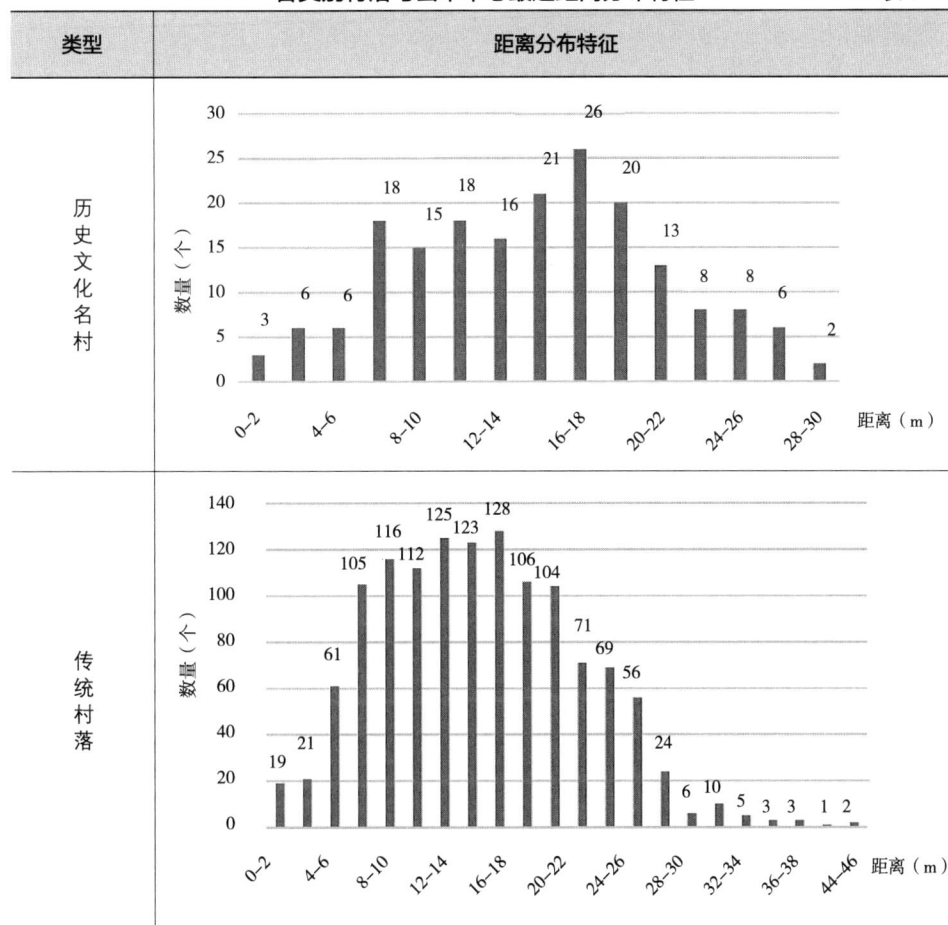

续表

类型	距离分布特征
历史文化村落	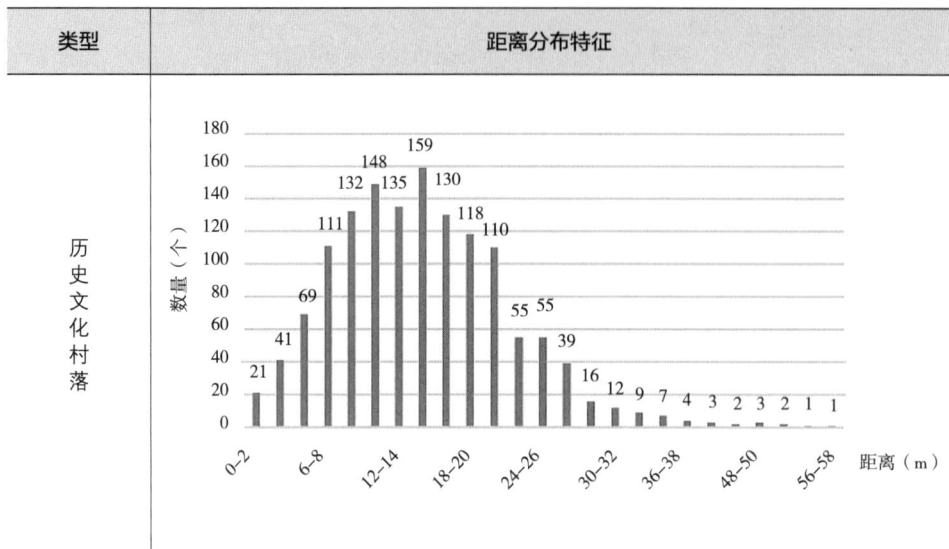

第三节　浙江历史文化（传统）村落保护的经验探索

浙江省始终把历史文化（传统）村落保护发展工作作为历史文化保护和传承的重要抓手，持续抓好这项德政工程、文化工程和民生工程。在经济快速发展的同时，应保尽保这些文化瑰宝，并不断探索文化挖掘、村庄经营、连片打造、数字赋能等举措，系统完整地保护传承和丰富增厚文化内涵，提升了村集体造血和村民增收致富能力，激发了村庄生命有机体的自生迭代动能与活力，彰显浙江自然之美、人文之美、和谐之美，为浙江省高质量发展建设共同富裕示范区、奋力推进"两个先行"奠定坚实基础。

一、总体要求

传统村落保护与发展规划应处理好"六大关系"：规划理念方面处理好传统性和现代性的关系，规划手法方面处理好差异化和特色化的关系，保护模式方面处理好整体搬迁和整治改造的关系，整治策略方面处理好乡土风貌和文化挖掘的关系，业态培育方面处理好乡村旅游和村民生活的关系，乡村治理方面处理好社区营造和资本植入的关系。

（一）保持历史文化（传统）村落的完整性

注重村落空间的完整性，保持建筑、村落以及周边环境的整体空间形态和内在关系，避免"插花"混建和新旧村不协调。注重村落历史的完整性，保护各个时期的历史记忆，防止盲目塑造特定时期的风貌。注重村落价值的完整性，挖掘和保护传统村落的历史、文化、艺术、科学、经济、社会等价值，防止片面追求经济价值。

（二）保持历史文化（传统）村落的真实性

注重文化遗产存在的真实性，杜绝无中生有、照搬抄袭。注重文化遗产形态的真实性，避免填塘、拉直道路等改变历史格局和风貌的行为，禁止没有依据的重建和仿制。注重文化遗产内涵的真实性，防止一味娱乐化等现象，以及媚俗、浅薄、扭曲变造、编造传统文化，粗制滥造品质不高的"文化"。注重村民生产生活的真实性，合理控制商业开发面积比例，严禁以保护利用为由将村民全部迁出。

（三）保持历史文化（传统）村落的延续性

注重经济发展的延续性，提高村民收入，让村民享受现代文明成果，实现安居乐业。注重传统文化的延续性，传承优秀的传统价值观、传统习俗和传统技艺。注重生态环境的延续性，尊重人与自然和谐相处的生产生活方式，严禁以牺牲生态环境为代价过度开发。

二、主要内容

浙江历史文化（传统）村落保护主要涉及六个方面的内容，分别为村域环境资源、村落形态格局、传统街巷空间、传统建筑保护、历史环境要素和非物质文化遗产。

（一）村域环境资源

主要包括山体景观保护、观景平台设置等，如保持地形，改善田埂步道，恢复乡土植被种植，提升水塘平台，打造田园观景建筑。

（二）村落形态格局

主要包括村域空间形态、整体格局等，兼顾滨水空间设计、驳岸空间整治、滨水设施设置，如背山面水的风水村落选址的基本原则和格局。

（三）传统街巷空间

主要包括街巷肌理保留、衔接外部交通等，保护村域中有记忆的传统街巷空间。

（四）传统建筑保护

主要推进传统建筑统计、信息登记、测绘登记等，保护村域中有记忆的传统街巷空间，划定核心保护区、建设控制地带等保护区划，并对建筑进行分类整治，如保护类建筑、修缮类建筑、改善类建筑、保留类建筑、改造类建筑、拆除类建筑。

（五）历史环境要素

主要包括历史环境要素统计等，如踏碓、谷仓、古井、古道、古驿站、古树、梯田、竹林等。

（六）非物质文化遗产

主要包括与非物质文化保护传承紧密相关的非遗活动场所、非物质文化展示场所、非物质文化展示线路等的保护利用。

三、经验总结

（一）系统性：体系为先，全局指导

浙江省对历史文化（传统）村落的保护发展进行了较好的制度建设和顶层系统性设计，搭建了较为完善的法规体系、政策体系和技术标准体系。先后发布了《浙江省历史文化名城名镇名村保护条例》《金华市传统村落保护条例》《台州市传统村落保护和利用条例》《丽水市传统村落保护条例》等法律文件，以及《浙江省人民政府办公厅关于加强传统村落保护发展的指导意见》《关于在城乡建设中加强历史文化保护传承的实施意见》《关于在实施城市更新中加强历史文化保护传承防止大拆大建的通知》等政策文件，也发布了《浙江省传统村落保护发展规划编制导则》

等技术文件，以及《浙江省历史文化名城名镇名村保护专项资金管理办法》等行政管理文件，编制完成了《浙江省域历史文化（传统）村落保护发展规划》，对历史文化（传统）村落的保护发展形成了全局性、闭环式的指导和保障。可以说，浙江历史文化（传统）村落按照"保护有方向、实施有计划、政策有实招、推进有力度"的要求，形成了调查建库、申报审核、规划编制、底级管控、有序建设、评估督导、绩效评估等一整套全流程、规范化工作体系。

金华市对于市域传统村落的全流程、系统性保护作出了积极探索。一是通过出台地方条例助力传统村落保护利用进入有法可依的新阶段。2019 年 5 月 31 日经浙江省第十三届人民代表大会常务委员会第十二次会议全票批准《金华市传统村落保护条例》，并于 2019 年 10 月 1 日起施行。二是建立市级传统村落名录。2016 年金华出台《金华市传统村落名录申报认定办法》和评价标准，在全省率先开展市级传统村落名录的认定和保护立法调研，不断推进传统村落保护机制建设。截至目前，金华市拥有中国传统村落 118 个（包含第六批 14 个）、省级传统村落 64 个，并分两批共申报认定了 30 个市级传统村落，形成了国家、省级、市级传统村落的完备名录体系。三是完善资金保障机制。2016 年起，金华市政府出台了《金华市区传统村落保护专项资金管理办法》，设立专项资金，用于传统村落、古建筑的保护。市级补助资金总额不超过项目总投资额扣除中央、省级补助资金后的 50%，重点保护传统村落原则上不超过 300 万元，一般性保护传统村落原则上不超过 150 万元。

（二）持续性：持续迭代，久久为功

浙江省对历史文化（传统）村落的保护发展工作根据国家和省最新政策要求和中心工作调整，持续进行迭代推进，并相应调整相关政策，做好要素保障。以浙江省历史文化村落为例，截至 2022 年底，省级财政累计投入 34 亿元，带动各类资金和社会资本投入 130 多亿元，抢救性保护了古韵古风的历史建筑，彰显了内外兼修的古村气质。在传统村落保护利用方面，除了中央补助资金外，浙江省发布了全国首支专项用于传统村落活态保护与历史文化传承利用的"浙江省古村落（传统村落）保护利用基金"，并借助美丽宜居示范村相关政策资金对传统村落开展保护工作，将传统村落保护利用纳入县域城乡风貌样板区考核体系。同时，不断培育和壮大传统工匠队伍，建立浙江省农村建筑工匠库。仅 2022 年，全年培训乡村工匠 1.5 万人次，在全国率先探索制定乡村工匠职业标准，有关做法被住房和城乡建设部推广借鉴。

2022 年松阳县和兰溪市、2023 年建德市积极申报并成功创建全国传统村落集中连片保护利用示范县市，持续性统筹保障县域内传统村落的集中连片保护发展。以松阳县为例，一方面，搞好县内传统村落资源的串点连线，整合散落在各处的零星旅游资源点，打造成精品线路，设计了松古农耕园、三都古村落、石仓古民居、竹源民俗村、革命老区行等 8 条摄影最佳线路；另一方面，搞好与周边县市的联动对接，把松阳村落放在浙西南旅游的大环境中去考虑，加强合作，串点连线，策划文化之旅精品线路。此外，松阳县在地方政府有效推动下，社会精英回归乡村和深度参与，专业团队科学规划设计与教练式指导、培训，农民的积极性和创造性被有效激发，促进了城乡要素合理流动与恰当的利益再分配。

（三）活态化：四生传承，助力共富

浙江省对历史文化（传统）村落的保护发展尤其注重活态保护、活态传承、活态发展。从生产、生活、生态的"三生融合"，进一步演化为培育和激活村庄生命力的"四生传承"。通过文化传承、业态转化、产业发展，在保护和挖掘村落历史人文根脉的基础上，真正打造村落多元的生命有机体，使历史文化（传统）村落在新时代新型城镇化的浪潮中得以与时俱进，共享改革发展红利，提升村庄生活品质，实实在在地留住原乡民，助力城乡融合发展，实现共同富裕。让村民成为历史文化传承中的自生传播者，成为"文化遗产"组成要素，形成村庄有机体生长的原生动能。

丽水市松阳县开展的"拯救老屋行动"，对老屋保护利用工作载体和工作机制进行改革创新，探索出一条地方政府与社会组织合作推动、群众自发参与的私人产权历史建筑保护利用的新路子，为全面推进乡村振兴和实现共同富裕积累了可复制、可推广的浙江经验。松阳县孕育了典型的高山阶梯式传统村落。叶村乡横坑村传统村落坐落在海拔 1080m 的坳岱尖山坡上，因有环村而过的小溪，由此得名"横坑"（图7–3）。村庄布局四周翠竹环绕、空气清新，是"浙江十大最美乡村"，休闲养生的绝佳之地。该村依托传统风貌与优良的自然生态环境发展民宿经济，完成了传统村落保护开发的华丽转身。伴随着浙江省传统村落保护与发展进程，横坑村一方面采用"生态 + 农耕"的模式，新建了丽水市首个自然农耕种植园。通过 120 亩土地集中流转、统一出租，在为全村 70 多位农户获得每亩 300 元稳定收益的同时，也给村集体带来了 3 万余元的增收。另一方面，村两委将农民异地安置后允许收归村集体的 17 栋古民居统一开发经营，集体打造"云溪谷"精品民宿，形成"风景 + 民宿"

图 7-3　松阳传统村落的保护与开发探索

的模式。自 2017 年 4 月试营业以来，累计接待游客 1000 余人，为村集体经济增收 5 万余元。

富阳区洞桥镇文村村在传承历史文化和创新发展路径方面具有代表性。文村村历史悠久，拥有明代、清代和民国时期的江南民居 40 多幢，但随着城市建设风气进入文村，这些具有代表性的古建筑面临着被拆的危险。2012 年，在浙江省建设厅的支持下，建筑大师王澍带领自己的团队着手整合这里的资源，历时 3 年完成了对文村的保护性改建。按照文村原有肌理，王澍设计了 24 种农居共 8 种形态，每种形态有 3 种变化，每户房子都不一样（图 7-4）。考虑到农民生产生活习惯，新房在进门处建造了存放农具的储藏空间，厨房宽敞，可以打造柴灶。每户都有一个精心设计的入口，理由是"这是一户人家的尊严"。门旁的小空间方便妇女和邻居交谈、做手工、看风景。同时融入光伏发电、雨水回收等现代居住需求。自 2016 年竣工以

图7-4 文村村历史文化的保护与开发探索

来，改建后的民居为文村带来新的面貌，使文村成为美丽村庄建设热点，不仅吸引了大量游客来到文村，还吸引了北京农业互联网公司和众安民宿产业发展公司等企业进驻，发展生态农业和民宿产业，带动文村三产的联动发展。

（四）数字化：数字赋能，协同治理

浙江省对历史文化（传统）村落的保护发展还紧密结合最新的数字技术手段，有效推进各方利益相关者的协同治理。数字赋能体现在建立数字平台进行村庄资源普查、建档，进一步迭代提升已有的如"农房浙建事"等应用系统，也体现在新建城乡房屋全生命周期综合管理系统、搭建"三名保护"的历史文化保护管理信息平台，探索传统村落的数字治理平台等，形成全省域全要素的空间信息及管理"一张图"，更体现在通过数字化手段集成建设政务管理、市场营销、非政府组织（NGO）活动与村民团体建言等多方利益相关者互动的平台。

如上文提到的松阳"拯救老屋行动"，就可以通过"浙里办"APP了解相关房屋资源、最新修缮及租赁优惠政策、日常管理运行等信息。又如临安的指南村，作为第六批中国传统村落与省级传统村落，建立了数字乡村数据中心，集成了村民积

分微自治、幸福码乡村旅游、耕地保护、生态红线管控、农业全链条生产、智慧便农服务、乡村休闲服务、村庄精细管理等应用数据，实现"乡村管理一张图"，提升了指南村全域乡村管理和服务水平。利用数字化手段，才得以比过去更实时完整地了解村庄情况，更有效推进村庄的治理现代化和延续性保护。

第八章

国土空间规划体系下的

村庄设计

第一节　浙江省村庄设计工作相关情况

一、"千万工程"时期的村庄设计相关工作情况

"千万工程"实施七年多，浙江省已完成示范村 1000 余个，实施整治建设工程的行政村已达 1.4 万个，初步推进"建筑风貌整治、公共空间整治、环境小品整治"等方面的村庄设计工作，实现村庄规划的大繁荣，村庄整治取得可喜成效，农村面貌发生深刻变化。

（一）以村庄整治的形式进行示范引领阶段（2003—2007 年）

1. 工作推进

突出"六化整治"的示范引领。根据 2003 年发布的《关于实施"千村示范、万村整治"工程的通知》，整治工程从示范村和整治村两个层面开展，列入整治规划的村庄确定了人居环境整治的考核指标，浙江省委省政府每年围绕一个重点，召开"千万工程"现场会，省委主要领导亲自抓检查、抓推进、抓落实。

配套政策文件，提出具体工作要求。围绕"千村示范、万村整治"这一核心工作，省市各级政府出台一系列的政策文件，提出具体的工作要求。

2. 规划探索

全域推进的村庄布点规划。浙江全省各县（市、区）在 1~2 年的时间里均陆续编制完成了县级行政单元范围内的村庄布点规划。如义乌市立足发达的区域经济进行创新探索，编制了《义乌市城乡一体化社区布局规划》，将七八百个居民点合并成 291 个社区，其中 197 个为城市社区，94 个为农村社区。

次区域层面的村庄布点规划。部分乡镇、开发区、风景区等建设主体各有侧重地开展了一些村庄布点规划编制，如嘉兴市各镇（涉农街道）开展了"1+X"布点规划、嘉兴南北湖风景区村庄布点规划。

整治规划为主导的村庄设计。至 2007 年，全省共编制了 16389 个村庄的村庄建设规划和整治规划。村庄整治规划重点是以实施旧村改造、整治建设为主的村庄规划。针对村庄发展的导向及乡村地域特色，浙江省开展了发展型、控制型、特色型三大类村庄整治规划。其中，村庄设计主要体现在建筑风貌整治、公共空间整治、环境

小品整治等方面。

（二）向乡村环境治理整体推进阶段（2008—2010 年）

1. 工作推进

新一轮"千村示范、万村整治"工程。随着村庄整治的深入开展，2007 年 6 月，中共浙江省第十二次代表大会提出："继续推进'千村示范、万村整治'工程，改善农村人居环境，强调把深入'千村示范、万村整治'工程作为新农村建设的重要抓手。"浙江省委省政府决定于 2008 年起实施新一轮"千村示范、万村整治"工程，强调人居环境建设与产业发展的同步推进。在 2006 年、2007 年、2008 年浙江省"千村示范、万村整治"工作现场会上，省委领导多次提出要立足村庄特色资源，加强村庄的经济产业发展。2008 年发布的《关于深入实施"千村示范、万村整治"工程的意见》，提出十大任务，在整治农村人居环境的同时，"千万工程"注意通过生态治理促进特色经济发展，形成"一村一业""一村一品""一村一景"的特色村域经济发展新格局。安吉、德清等县市少数村庄已提前进入美丽乡村时期（"千万工程"2.0）。2008 年初，浙江省安吉县率先开展了"美丽乡村"创建行动，通过《关于建设"中国美丽乡村"的决议》。

配套政策文件，提出具体工作要求。围绕"千村示范、万村整治"这一核心工作，省市各级政府出台一系列的政策文件，提出具体的工作要求。

2. 规划探索

村庄整治规划进一步推进。逐步形成农民受益广泛、村点覆盖全面、运行机制完善的整治建设格局。村庄设计也随着整治规划的推进而扩大至全省乡村。

中心村规划重点强化。"千万工程"的目标之一就是把 1000 个左右的中心村建设成全面小康示范村，中心村规划首当其冲。以中心村培育为重点，如《富阳市中心镇中心村布局规划（2007—2030 年）》，对市域范围内的中心村做进一步遴选，分乡镇提出了中心村规模等级与布局方案。

村庄发展相关研究。住建厅开展的《浙江省中心镇中心村规划标准研究》，对中心村的建设用地、公共设施、市政设施等规划标准进行了深入探索。住建厅开展的《浙江省农村居民点基本布局研究》，对全省农村居民点的类型、基本布局模式、村庄规划与建设标准、优化布局的措施进行深入研究。温州市开展的《温州市区村庄改造策略研究》，对鹿城、瓯海、龙湾三个辖区内的村庄进行一次涉及村民意愿调查、村庄管制分区、撤并路径、改造策略、实施政策等的深入研究，对城中村、城边村、城外村三类村庄制定了改造规划策略。

二、"美丽乡村"时期的村庄设计相关工作情况

开展美丽乡村建设以来，通过村庄规划设计体系的完善，村庄规划、村庄设计的强有力实施，农村地区呈现出新面貌和新形势。

（一）依托美丽乡村建设创新探索阶段（2011—2015 年）

1. 工作推进

对"千万工程"的深化提升，把生态文明贯穿到新农村建设的各个方面。美丽乡村建设是"千村示范、万村整治"工程的深化和提升，开展整乡整镇环境综合整治，把生态文明贯穿到新农村建设各个方面，开展"四美三宜两园"与"四大行动"的美丽乡村建设，创建生态、美丽、宜居的村庄。2015 年，全省 70% 左右的县（市、区）达到美丽乡村建设工作要求，60% 以上的乡镇开展整乡整镇美丽乡村建设。全面构建美丽乡村创建先进县示范县、美丽乡村示范乡镇、美丽乡村精品村、美丽乡村庭院清洁户四级联创机制；2017 年，全省所有县（市、区）培育成美丽乡村示范县，60% 以上的乡镇开展整乡整镇创建，10% 以上的行政村成为美丽乡村精品村或特色村，5% 以上农户成为美丽乡村庭院清洁户。省市各级政府出台一系列的政策文件，提出具体的工作要求。

2. 规划探索

村庄规划设计体系的完善。村庄布点规划的深化开展。以乡镇域为基本单元，在县（市）域总体规划确定的城乡居民点布局基础上，深化和完善乡镇域村庄布点规划。以中心村为代表的村庄规划深入开展。2010—2013 年，浙江省公布了三个批次的中心村培育启动名单，在每个批次中均确定了 100 个省重点培育示范中心村。

连片村庄整治规划启动推进。按照城乡一体化和全域整治的要求，开展点、线、面连片村庄综合整治。主要包括整乡整镇的村庄整治规划和高速公路、铁路、重要干线等交通沿线、河道水系沿线的连片整治规划。

村庄设计工作创新探索。结合美丽宜居示范村、传统村落、中心村等富有特色的村庄，编制村庄设计相关专项规划，率先探索创新村庄设计，形成了"美丽宜居

示范村、历史文化名村、传统村落、历史文化村落"四类特色村体系。

村庄专项规划广泛开展。广泛开展历史文化村落保护利用规划、美丽宜居示范村规划、县（市、区）域美丽乡村建设总体规划、生态以及产业等其他专项规划，如浙江省桐庐县产业风情带建设总体规划设计标准规范研究的深入探索。出台了地方标准《新时代美丽乡村建设规范》DB33/T 912—2019，以及省级地方标准《浙江省村庄规划编制导则》《浙江省村庄设计导则》（2015年）。

（二）依托美丽乡村升级版深化提升阶段（2016年至今）

1. 工作推进

打造美丽乡村升级版。2016年为推动"两美浙江"建设，打造美丽乡村升级版，省委、省政府出台了《浙江省深化美丽乡村建设行动计划（2016—2020年）》。行动计划指出，浙江要继续以水为镜，全力推进农村生活污水治理；以净为底，努力保持农村干净质朴的第一感观；以美为形，因地制宜打造美丽乡村风景线；以文为魂，强化历史文化村落保护利用；以人为本，着力优化农村公共服务。

浙江省乡村振兴战略推进。以新时代美丽乡村建设为目标，以"五万工程"为重要抓手，体系化推进乡村产业振兴、人才振兴、文化振兴、生态振兴、组织振兴，高质量发展乡村经济，加快建设乡村振兴示范省，努力率先实现农业农村现代化，跻身国际先进水平，打造现代版"富春山居图"。

浙江省"万村景区化"建设启动。2017年6月，浙江省启动"万村景区化"，作为浙江省实施乡村振兴战略和"美丽浙江"建设的重要举措。计划到2022年，把全省1万个村建成A级以上景区村庄，1000个村达到3A级景区村庄标准，促进美丽乡村向美丽经济转变，助推农业强起来、农村美起来、农民富起来。

乡村建设实施落地工作逐步开展。住建、农办、旅游等多部门通过大量且多类型的专项资金补助，集中力量打造特色村庄，有效推动浙江省村庄建设实施。

配套政策文件，提出具体工作要求。省市各级政府出台一系列的政策文件，提出具体的工作要求。

2. 规划探索

村庄规划设计体系的完善。初步建立了具有浙江特色的"村庄布点规划—村庄规划—村庄设计—村居设计"规划设计层级体系。

村庄专项规划深入开展。进一步深入开展历史文化村落保护利用规划、美丽宜居示范村规划、县（市、区）域美丽乡村建设总体规划、生态以及产业等其他专项规划。逐步开展 3A 级景区村庄规划。

标准规范与研究的深入探索。出台了安吉县《美丽县域建设指南》（2017 年）——全国首个美丽县域建设地方标准规范。浙江省住房和城乡建设厅开展了《关于新型城市化背景下乡村规划和建筑特色研究》，为全省不同地貌和文化本底下乡村特色塑造提供了技术支持。

三、村庄设计相关概念认知

村庄设计是指以传承乡村文化、营造乡村风貌、彰显村庄特色等为目标，以解决村庄物质空间和景观风貌问题为导向，对村庄整体格局、建筑风貌、环境品质和基础设施等要素展开的专项或综合性设计；是塑造村庄特色风貌，提升农村人居环境品质的重要技术和管理手段。

村庄设计的主要任务是发掘村庄特色价值，提出村庄人居环境发展目标和总体形象定位，确定村庄总体空间景观结构，并针对村庄核心空间要素开展设计和建设引导。

第二节　开展村庄设计面临的主要问题

一、风貌同质，文脉断层

村庄环境品质不高，风貌整治同质化现象突出。多数村庄环境建设品质仍有待提升，村庄风貌整治千篇一律，没有体现时代特征、地域特色和乡村特点，导致村村像城镇、镇镇像农村，"千村一面"的现象比比皆是。

文化遗产保护不力，村庄文脉断层现象突出。快速城市化的发展建设造成大量村庄内部的文化遗产无法得到有效保护，村庄的文脉出现断层，缺少文化根基使得村庄更加容易陷入与其他村庄同质化的危机中。

二、缺乏参与，人才缺失

村民参与不足。目前村庄规划设计中，村民通过意愿调查参与村庄设计的编制，通过出义务工等参与村庄设计的实施建设，但仍存在村民参与意识不强、主观能动性不足，导致村民主体对乡村公共事务与公共环境整治改造参与度较低。

基层技术人才缺失。现在村庄里懂规划、懂设计的人才很少，缺少对规划设计方案把关的乡村规划师和对方案实施把关的建设指导人才，缺少保证建设质量的具有"工匠精神"的农村工匠，缺少保障工作推进的懂规划、懂设计的乡村规划建设管理人员。

三、资金缺乏，设计脱节

资金投入渠道少。部分村庄仅依靠市、县、乡三级财政支持资金，感到建设资金负担重，且由于缺乏管理经费，很难投入配套资金确保村庄进一步的建设完善工作，缺少民间资本投入，打通城乡要素（人口、土地、资金、信息等）自由流动的制度性通道任重道远。

村庄设计与现状建设脱节。村庄规划与村庄设计、项目设计脱节，例如建筑风貌整治、场所空间设计等内容重复规划，意图不能有效贯通。另外，农房设计与村庄设计脱节，村庄设计中的建筑立面整治、建筑风貌指引等内容并未有效落实到村居设计中。

四、城市化手法、低水平施工

盲目套用城市化手法。因片面追求"新、奇、异"，贪"大、洋、怪"，造成了一些不符合地方传统特色、与当地环境不协调、民族文化不融合的失败案例。

施工水平普遍不高。多数乡村的实施监管不到位、施工质量不高等现象造成了乡村建设效果的不理想。

第三节　浙江省村庄设计的经验和做法

一、浙江省村庄设计核心内容框架

村庄设计的核心内容是针对村庄整体人居环境的五大要素展开设计，包括宏观的总体格局、中观的场所空间、建筑风貌、基础设施和微观的标识小品（图 8-1）。

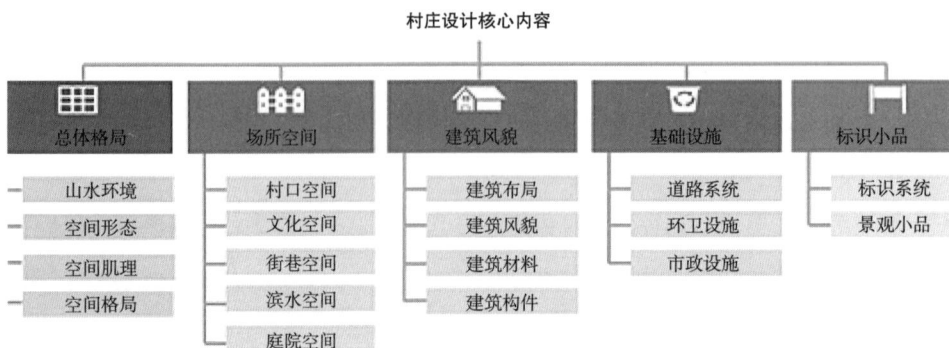

图 8-1　村庄设计的核心要素

二、浙江省村庄设计分项经验做法

（一）总体布局

山水环境中尊重自然、天人合一，生态田园、趣味天成。空间肌理中有机更新、活化利用，控制尺度、延续肌理。空间格局中空间变化、格局开放，因地制宜、乡土塑造。

（二）场所空间

村口空间要突出老树、迎客、商贸、交流的场所精神，彰显村庄品牌，标识村口空间。文化空间要提升空间活力，展示历史文化。街巷空间要增加交流空间，恢复传统风貌，强化乡土特色。庭院空间要呼应建筑风貌，利用既有元素，完善绿化小品。

（三）建筑设计

既有建筑修复改造要遵循传统，兼顾更新，传承技艺，新建建筑建造要突出群体组合，注重有机组合，形成小聚落，保证独立的庭院空间，整体上注重与老村的肌理协调统一，形成小型组团，加强自由布局；要突出风貌探新，对传统样式进行归纳创新，结合现代居住生活进行户型创新。

（四）基础设施

道路系统要凸显传统格局和地方材料，环卫设施要突出乡土特色，市政设施要综合铺设。

（五）标识小品

标识系统和景观小品要突出乡土特色、地方材料和创意设计。

第四节　浙江省村庄设计典型手法总结

一、村庄分类经验总结

（一）平地类

重点1：村庄整体形态。应用地集约，布局紧凑，不宜采用散点状平面形态。规模较大的村庄可采用团块状平面形态，规模较小的可采用团块状或带状平面形态。

重点2：街巷空间组织。宜采用网格形路网或鱼骨形路网。同时注意保持传统街巷的控制尺度，避免建设过于笔直宽阔的街道。

重点3：新老村协调。新村的建设应充分与老村的肌理协调，注重村居的朝向、街道的走向和建筑群体的组合与老村传承统一。

（二）水乡类

重点1：整体布局形态。水乡类村庄的整体布局应紧抓水体主线，形成整体联通的水系空间，进而串联整体村庄空间。

重点2：街巷空间组织。水乡类村庄的街巷空间组织应抓住水系走向，形成有机分散的水乡空间肌理。主要街巷的走向应与河道平行或垂直。

重点3：村水环境协调。水乡类村庄的建设应加强与水体空间的结合，形成协调的村水环境关系。

（三）山地丘陵类

重点1：整体布局形态。山地丘陵类村庄的整体布局应顺应地形，形成依山就势的整体空间格局与自由的空间形态。

重点2：顺应地形的自由路网。顺应地形等高线及坡向，采用自由式路网，不宜采用网络形路网。

重点3：强化景观视廊控制。山地丘陵类村庄地形变化较大，村庄观景视角较多，应结合地形高度，控制视廊，设置观景平台，打造不同层次的环境景观。

（四）海岛类

重点1：处理好海村关系。充分利用岸线形态与地形，增加建筑单体、建筑群体、公共空间与岸线、地形的契合度，使建筑与环境有机融合，营造海岛渔村格局。

重点2：海文化融入。注重结合村庄的海岛文化来打造村庄重要的开敞空间，如通过相关雕塑小品、建筑色彩融入海岛文化等手法。

重点3：滨海空间打造。滨海空间是海岛渔村重要的活动带、景观风貌带，也是重要的旅游空间，应在提供丰富公共活动的同时，保障观海视线及沙滩的可进入性。

二、村庄个体经验总结

（一）平地类

安吉县大竹园村设计对村庄总体格局的把握具有借鉴意义。村庄采用较为有机自由的组团布局形态，形成了规整而不失特色的空间布局。新村的布局在空间肌理格局上与老村保持高度一致，形成统一的村落整体（图8-2）。

新村聚落肌理

图 8-2　大竹园村整体形态格局

　　富阳区东梓关村设计在村庄街巷空间打造和建筑布局组织方面作出示范。在街巷空间组织方面，注重街巷空间的有机组织，构建出与老村相似尺度的鱼骨状街巷格局（图 8-3）。在建筑布局组织方面，设计通过户型单元的偏转组合，形成了富有特色的小聚落形态（图 8-4）。

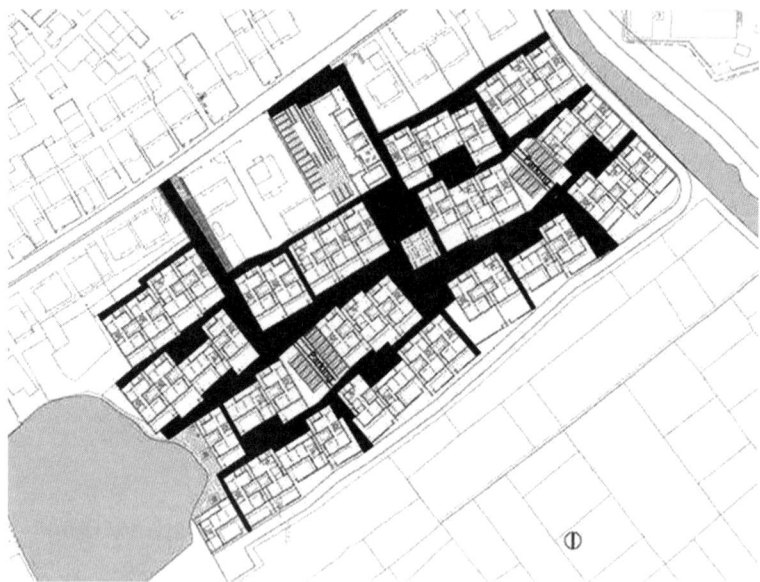

图 8-3　东梓关村街巷空间组织

图 8-4　东梓关村建筑群体组合变化

（二）水乡类

嘉兴市聚宝湾村设计在水系空间与村落空间、场所空间和滨水建筑空间的配合方面具有代表性。一是串联沟通整体水体结构，形成统一的水体空间组织脉络（图8-5）。二是通过净化水体、增加水生植物等方式提升水体质量。在此基础上塑造具有活力的滨水广场和活动空间，例如结合原本的池塘水系构建具有特色的中式园林，同时也成为村庄的游玩景点。三是通过码头、踏步等方式加强建筑与水体的互动，强化建筑与水体的紧密联系，营造具有特色的亲水建筑（图8-6）。

平湖市山塘村同样在水乡类村庄的街巷空间组织和建筑设计方面具有典型意义。在空间组织方面，设计结合村庄水体特征，将街巷空间组织与水系环境紧密联合，新村的主要空间与水体充分结合，塑造优美的滨水空间（图8-7）。在建筑设计方面，村庄通过池塘将建筑群体整体联系起来，形成一组具有亲水特征的建筑群体组合。同时注重建筑沿水立面打造，形成整齐又富有变化的沿水立面（图8-8）。

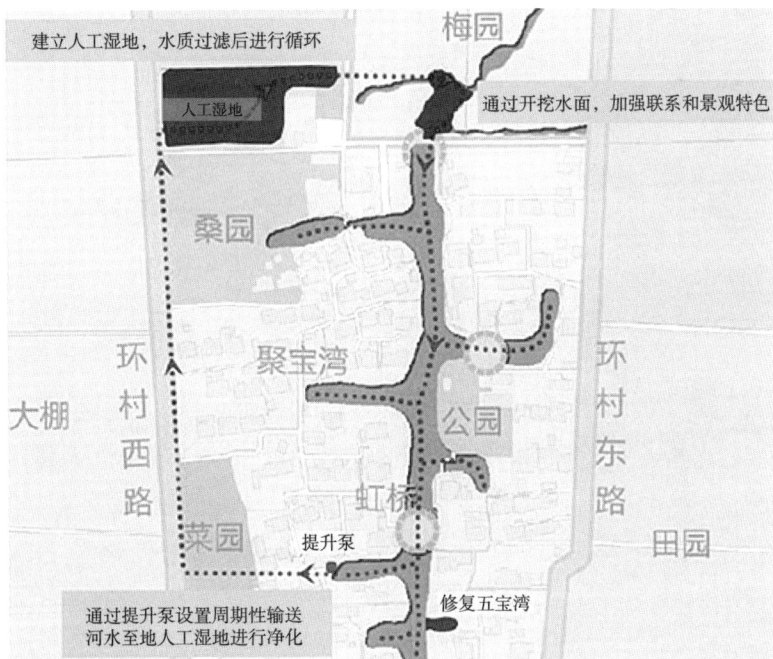

图8-5　聚宝湾村水体空间脉络组织

图 8-6 聚宝湾村场所空间营造

图例
- 水系
- 农居
- 农田
- 村域范围

图 8-7 山塘村街巷空间组织

图 8-8　山塘村建筑设计

（三）山地丘陵类

　　松阳县三都乡紫草村在山地丘陵类村庄设计中极具代表性，具体表现在村庄总体格局的构建以及建筑和环境打造两个方面（图 8-9）。在村庄总体格局方面，紫草村顺应等高线，采用自由式路网形式，建筑、平台依势而建，并利用地势控制远景、中景、近景三类观景点。在建筑风格方面，山地丘陵类村庄一般多处于偏远山区，村庄历史悠久，应当传承并发扬传统建筑风格及建造技艺。松阳县是便通过"拯救老屋行动"修复技术，总结传统建筑材料、建造技艺等。在环境空间方面，结合地形设置两级台地绿化，营造层次丰富的开敞空间。

　　浦江县仙华街道登高村在空间形态和场所营造方面探索出山地与村庄的互动与融合。首先，登高村设计顺应地形，建筑依势而建，新村选址隐幽，建筑隐于自然，使村落与自然景观完美融合（图 8-10）。其次，山地丘陵类村庄的观景空间是村庄重要的场所空间，是游客主要活动空间，但也是村民日常公共生活的主要空间。登高村设计结合一侧梯田，保证场所空间观景面的开敞性和视野的开阔性。再次，山地丘陵类村庄在打造场所空间时，在保证一定平面活动面积的同时，需要处理好地形高差，创造立体化的场所空间。登高村结合地形高差设置了三层平台，创造丰富的空间层次（图 8-11）。

图 8-9　紫草村传统建筑

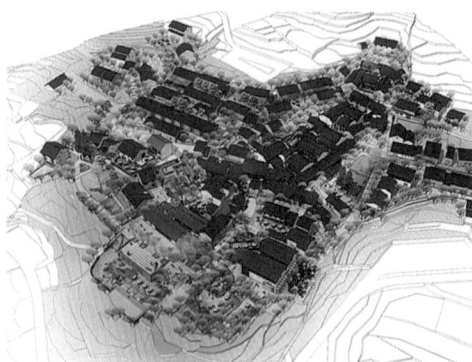

图 8-10　登高村整体空间形态

图 8-11　登高村场所空间营造

（四）海岛类

嵊泗县五龙乡黄沙村作为典型的海岛类村庄，在街巷轴线组织、滨海空间打造和建筑设计三个方面探索了海村有机融合的新模式（图 8-12、图 8-13）。一是充分利用码头、岸线组织轴线，形成生产和生活场景互相交融的活动空间。二是通过堤岸处理、沿海闲置建筑功能置换、植入激活体，打造屋顶露台及地面庭院，创造多层次观海空间。三是充分利用面朝大海、依山就势的布局，打造屋顶露台，完善高品质设施，建设成占据优势景观资源、富有特色的休闲活动场所。设计在吸取传统嵊泗海岛建筑特征的基础上进行了创新演绎，强调露台空间，打造"新嵊泗民居"。

嵊泗县东海渔村在海文化、渔文化融入村庄设计方面作出创新。村庄围绕渔船雕塑建设主要广场空间，形成村庄的公共空间活动中心。在满足村民日常生活需求的基础上，对建筑墙体进行大面积彩绘，绘制以渔文化为主题的艺术画，不仅展现了海岛村庄所具有的浓郁的渔文化，也从色彩、图案上增强了公共空间和建筑的艺术性，塑造村庄的风貌特色（图 8-14）。

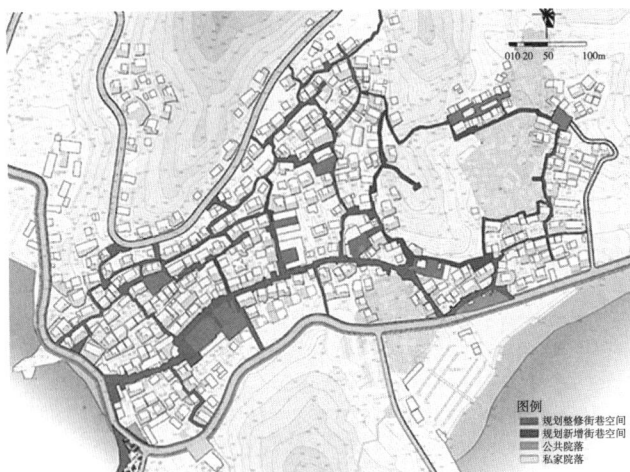

图 8-12　黄沙村街巷空间打造

图 8-13　黄沙村滨海空间设计和建筑设计

图 8-14　东海渔村公共广场和建筑墙体的海文化融入

三、16 种通用的村庄设计手法总结

在分类经验总结的基础上，总结归纳 16 种通用的村庄设计手法，并结合实际案例进行展开（图 8-15）。

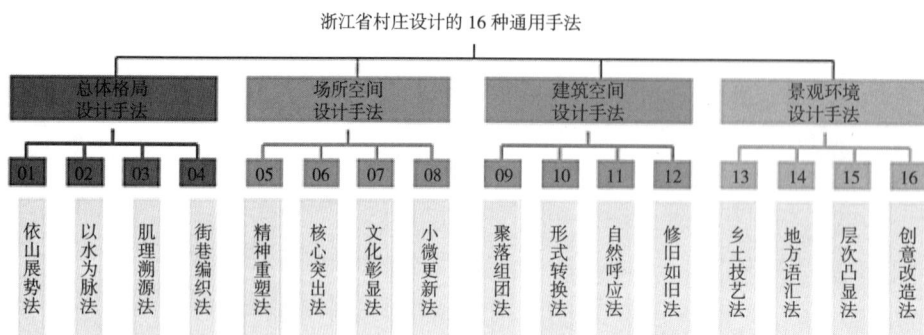

浙江省村庄设计的 16 种通用手法

| 总体格局设计手法 | 场所空间设计手法 | 建筑空间设计手法 | 景观环境设计手法 |

01 依山展势法　02 以水为脉法　03 肌理溯源法　04 街巷编织法　05 精神重塑法　06 核心突出法　07 文化彰显法　08 小微更新法　09 聚落组团法　10 形式转换法　11 自然呼应法　12 修旧如旧法　13 乡土技艺法　14 地方语汇法　15 层次凸显法　16 创意改造法

图 8-15　村庄设计手法总结

（一）依山展势法

松阳县三都乡紫草村结合村庄所处的地势高差进行设计，形成具体不同层次的梯田景观，构成立体化的田园景观。

（二）以水为脉法

平湖市山塘村设计结合村庄水体特征，将街巷空间组织与水系环境紧密联合。设计将新村的主要空间与水体充分结合，塑造优美的滨水空间。

（三）肌理溯源法

杭州富阳区东梓关村设计在总体布局上深入挖掘老村布局特征，吸收其布局特点，形成新村布局依据（图 8-16）。

（四）街巷编织法

嵊泗县五龙乡黄沙村规划以中心街为绿化景观主轴贯穿全村，东西联系沙滩海岸；景观主轴上分布三个绿化景观核心，规划梳理形成多条绿化联系轴。

图 8-16　东梓关村村庄设计

（五）精神重塑法

浦江县登高村通过对村口场所空间的精神提炼总结，在设计中通过具体要素的布置重塑村口场所精神（图 8-17）。

图 8-17　登高村场所精神解读

（六）核心突出法

浦江县登高村广场设计以山体为最主要的对景，突出山体特征，控制广场的主要角度、方向和形态，与山体呼应（图8-18）。

图8-18　登高村广场设计

（七）文化彰显法

江山市清湖镇清一村设计通过墙绘、门楼、装饰等方式综合展现村庄的文化传统，丰富了街道空间内涵（图8-19）。

图8-19　清一村街道装饰

（八）小微更新法

桐庐县茆坪村设计结合倒塌的房屋进行场地重新设计，形成了富有特色的小空间（图8-20）。

图 8-20　茆坪村场地设计

（九）聚落组团法

安吉县大竹园村设计通过小型组团聚落的方式进行村庄建筑群体布局，形成了具有特色的平原型新村（图 8-21）。

图 8-21　大竹园村建筑群体布置

（十）形式转换法

富阳区东梓关村设计充分汲取了老村建筑风貌特征，加以屋顶、立面等创新演绎，形成了新村的建筑风貌（图 8-22）。

图 8-22　东梓关村建筑风貌

（十一）自然呼应法

嵊泗县五龙乡田岱村设计突出了海岛村村居的特色，加强了滨海沿线的村庄风貌整治提升，并对村居的露台空间进行了重点设计强调（图 8-23）。

图 8-23 田岱村风貌设计

（十二）修旧如旧法

台州黄岩区乌岩头村设计在修缮改造破败老宅时充分尊重了当地的建筑现状与文脉基础，做到修旧如旧（图 8-24）。

图 8-24 乌岩头村建筑修缮效果

（十三）乡土技艺法

浦江县登高村设计充分利用地方村庄的传统材料进行更新改造，强化村庄的乡土风貌（图 8-25）。

图 8-25　登高村建筑材料

（十四）地方语汇法

桐庐县茆坪村设计充分汲取了老村的建筑语汇与材料意向，并将其转化为村庄内部设计的素材加以改造（图 8-26）。

图 8-26　茆坪村设计中的地方元素

（十五）层次凸显法

松阳县紫草村结合村庄所处的地势高差进行设计，形成不同层次的梯田景观，构成立体化的田园景观（图8-27）。

图8-27　紫草村景观层次

（十六）创意改造法

富阳区湖源乡龙鳞坝设计将传统的堤坝做成了具有特色与美感的龙鳞坝，成为当地的"网红景观"（图8-28）。

图8-28　龙鳞坝"网红景观"

第五节 国土空间规划体系下的村庄设计

一、规划体系变革

1. 规划新体系

村庄设计等村庄规划在"五级三类"的国土空间规划体系中，属于详细规划类，应加强上下与左右传导（图8-29）。

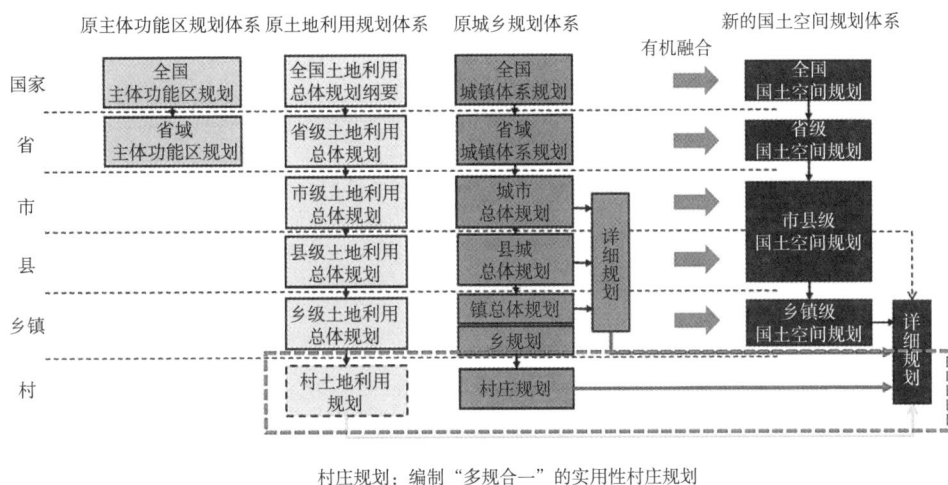

村庄规划：编制"多规合一"的实用性村庄规划

图 8-29 村庄规划在国土空间规划体系中的位置

2. 规划新定位

多规合一的实用性村庄规划，对城镇开发边界外国土空间的保护、开发、利用、修复作出的总体部署与统筹安排，是表达农民生产生活愿望的蓝图，是协调农村空间保护利用的平台，是提升优化农业空间布局的手段，是完善乡村空间治理的依据。

二、编制内容变化

1. 编制方式变化

编制单元由城乡规划体系中的"一个行政村"变为国土空间规划体系的"一个行政村或几个行政村",需加强村庄群体格局优化设计。

2. 村庄分类变化

城乡规划体系中村庄分类为一般村和特色村。城乡规划体系中,根据村庄特质和未来发展方向调整分类,可分为集聚提升类村庄、特色保护类村庄、城郊融合类村庄和搬迁撤并类村庄。需要结合不同类型村庄开展村庄设计:集聚提升类村庄需要整体优化空间格局,统一村庄风貌;特色保护类村庄需要彰显文化特色,保护历史文化,加强整体形象打造,突出个性;城郊融合类村庄需要优化村庄与城市空间格局联动,打造整体统一的村庄风貌;搬迁撤并类村庄需要梳理生态格局,优化空间格局。

3. 编制内容变化

村庄设计是村庄规划的有力技术支撑。国土空间规划体系下的村庄规划更加关注生态保护、农村住房布局和历史文化传承保护等方面。其中,生态保护注重整体生态空间格局的优化和山水林田湖资源的综合利用,农村住房布局注重住房整体布局、风貌提升优化、建筑设计、群体设计等,历史文化传承保护注重历史文化遗产保护、历史文化脉络梳理和特色文化节点彰显。

三、国土空间规划体系下的村庄设计

村庄设计是指以传承乡村文化、营造乡村风貌、彰显村庄特色等为目标,以解决村庄物质空间和景观风貌问题为导向,对村庄整体格局、建筑风貌、环境品质和基础设施等要素展开的专项或综合性设计;是塑造村庄特色风貌,提升农村人居环境品质的重要技术和管理手段。

国土空间规划体系下的村庄设计是村居外环境设计,一般分为总体村庄设计和重要节点村庄设计,既要对宏观山水格局、村落形态等空间形态进行设计,还要对中观街巷肌理、水系脉络等空间结构,更要对微观公共建筑、公共设施等空间节点,村口、水口、桥头、祠堂、池塘等公共空间,以及墙面、屋面、地面等空间界面进行设计。

村庄设计的主要任务是发掘村庄特色价值，提出村庄人居环境发展目标和总体形象定位，确定村庄总体空间景观结构，并针对村庄核心空间要素开展设计和建设引导。

应注重加强村庄设计与村庄规划衔接，明确总体结构设计引导、空间肌理延续引导、公共空间布局引导等村庄景观风貌设计引导要求，指导村庄设计，并为实施建设提供空间形态依据。

第九章

新时代美丽乡村建设

为给一线干部提供"看图说话"式的美丽乡村建设技术指导，用√标注推荐样式，用○标注允许样式，用 × 标注禁止（不推荐）样式，但只作为参考，绝不能照搬照抄。

第一节　基础设施指南

一、总体要求

村庄必须按照规划配置公厕、垃圾收集点、供水设施、雨污管网、消防等基础设施，并满足村民需求优先建设教育、商业、体育、文化等公共服务设施，同时确保各类配电房、公厕、垃圾箱、路灯等基础设施与村庄整体风貌协调。

（1）禁止单位和个人未经批准擅自建设庙宇、教堂。

（2）禁止强、弱电杆线线路乱搭乱接。

（3）禁止任何单位和个人破坏或损毁村庄的道路、桥梁、供水、排水、供电等设施。

二、道路桥梁

村庄要进行总体的交通组织设计，进行人流、车流的有序引导，结合道路桥梁的功能、周边的环境、地质条件、施工条件等进行线形、平面、竖向、材质的设计。在满足道路桥梁通行功能的同时，在设计上体现乡村地区的独特风貌，同时满足交通安全、消防通道等相关技术要求。

（一）道路断面

车行主路有条件可设双车道，建议一般道路以单车道加错车空间为主。道路宜在尽端设置回车场地。在保证车行宽度以外，尽可能利用道路与建筑、院墙之间的过渡空间设置绿地（表9-1）。

道路断面样式

表 9-1

分类	县乡道	
推荐样式	 双向两车道，机动车道与非机动车道有绿化分隔	
允许样式	 双向四车道，有道路分隔线	 双向车道 + 非机动车道
不推荐样式	 不推荐过窄道路	 不推荐过宽道路

（二）桥梁形式

以安全为前提，通车桥梁一般采用混凝土桥或石桥面，步行桥采用木桥、钢木结合或石桥。对留存老桥要积极维修，尽量用原工艺修补。栏杆宜采用简洁乡土样式，不宜采用过于现代的玻璃或雕饰较多的传统官式栏杆。栏杆高度应严格按照规范要求设置（表 9-2）。

桥梁形式样式 表 9-2

分类		车行桥	
推荐样式	栏杆乡土简洁		
允许样式	栏杆较简洁		
不推荐样式	不推荐过于现代化		
分类		人行桥	
推荐样式	栏杆乡土简洁		

续表

分类		人行桥
允许样式	栏杆较简洁	
不推荐样式	不推荐雕饰过多栏杆	

（三）路面材质

　　车行路面材质常选用沥青、混凝土及小弹石等，谨慎使用易被压碎的大块面石板。人行路面材质常选用老石板、卵石、小弹石、透水砖、固化砂土路面等。石材避免使用光面、烧面等较为城市化的面层处理。对于具有历史价值的传统材质铺地，推荐使用原材料原工艺修复，避免使用混凝土等粗暴覆盖。多雨潮湿地区慎用砖瓦类材质（表9-3）。

路面材质样式　　　　　　　　　　　　　　　　　　　　表9-3

分类		县乡道
推荐样式	沥青路面	

续表

分类		县乡道
允许样式	水泥浇筑	
不推荐样式	泥路无面层	
分类		村道
允许样式	水泥浇筑	
不推荐样式	运用石板或弹石材质	

续表

分类	人行道	
推荐样式	多种乡土材质组合	
允许样式	材质有一定的乡土特色	
不推荐样式	道路过于硬化	

（四）道路交叉口

主要道路相交时应尽可能采用正交，当受条件限制必须斜交时，交叉角应 ≥ 45°（表 9-4）。

道路交叉口样式 　　　　　　　表 9-4

分类	道路交叉口
推荐样式	 道路交叉口为正交，带标志线
允许样式	 道路交叉口角度较大，无标志线
不推荐样式	 道路交叉口坡度较大且有遮挡

（五）道路排水

主要道路和次要道路的道路排水设计宜采用双面坡，宅间路宜采用单面坡，同时在道路两侧或者一侧应设置排水沟渠，并根据当地的雨量计算确定其宽度和深度（表 9-5）。

道路排水样式　　　　　　　　　　　　　　　　表 9-5

分类	道路排水设施
推荐样式	 道路两侧设带盖板排水沟 边沟盖板表面覆卵石
允许样式	 道路两侧设自然排水沟

（六）附属设施

交通性道路两侧应配套相应的防护设施、照明设施、绿化设施等，景观性道路在适当的位置配设相应的照明设施、绿化设施、休憩设施和景观小品（表 9-6）。

附属设施样式 表9-6

分类	推荐样式		
交通性道路	道路两侧护栏	路灯	行道树
景观性道路	路灯与村庄风貌相协调，道路两侧留有适当绿化	路口标志牌指向清晰，与村庄景观风貌相协调	交通性道路中间有电线杆，影响通行
	每隔一定距离设休憩长椅和垃圾桶等设施	在适当位置配设景观小品，展示乡村特色景观	交通性道路路边设体育健身设施，安全性较差

（七）道路面层施工

地面铺装工程基层、面层所用材料的品种、质量、规格，以及各结构层纵横向坡度、厚度、标高和平整度应符合设计要求；面层与基层的结合（粘结）必须牢固，不得存在空鼓、松动，面层不得积水。园路的弧度应顺畅自然。

1.混凝土面层

混凝土施工必须振捣密实，不得出现漏振或振捣不实的现象。面层平整、密实、边角整齐，无裂缝、石子外露、蜂窝和浮浆、脱皮、踏痕、积水等现象（表9-7）。

混凝土面层样式　　　　表 9-7

分类	混凝土面层	
施工管理标准	面层平整、密实	
常见问题	存在裂缝、啃边、露骨、起砂、起皮等问题	

2. 沥青面层

表面应平整密实，不得有轮迹、裂缝、松散、油斑、离析等现象。

基层的拱度与面层的拱度应一致。

面层与路缘石及其他构筑物应密贴接顺，不得有积水或漏水现象。

拌好的沥青混合料应均匀一致，无花白料，无结团成块或严重的粗料分离现象

（表 9-8）。

沥青面层样式 表 9-8

分类	沥青面层
施工管理标准 面层平整、密实	
常见问题 存在轮迹、裂缝、凹陷、积水等问题	

3. 石材面层

首先满足场所的基本功能需要，比如步行道平整、安全舒适，慎大面积使用卵石、糙面等。各种规格大小及面层必须符合设计要求。

在块料下面必须设置整平层，石块之间需要用填缝料嵌填。

排砌块时应小头向下，垂直嵌入整平层一定深度，块石相互之间必须嵌紧、错缝、表面平整，不露浆。在陡坡和弯道路段，应由低处向高处铺砌。

块石铺砌完成后，可用石渣及土加固路肩，并予以夯实，再进行路面夯打。

根据缝大小及设计要求，铺撒石屑或黄泥加黄砂嵌缝（表 9-9）。

石材面层样式　　　　　　　　　　　　表 9-9

分类		石材面层
施工管理标准	面层平整、安全舒适	
常见问题	路面不平整，石块间无填缝料嵌填	

4. 卵石面层

选材定样，按设计的品种和颜色挑选卵石。

卵石大小应均匀不宜偏差太大。

冲洗卵石表面杂质，冲洗干净并晒干。

按设计的图案、色彩和纹理要求试拼。

根据要求平铺或竖铺卵石，卵石插入砂浆的深度占卵石厚度的 2/3。

擦缝：养护 24 小时后用水泥浆擦缝，擦缝前将表面杂质清理干净，砂浆面应比卵石低 2mm 左右，擦拭完成后及时洒水养护（表 9-10）。

卵石面层样式		表 9-10

分类	卵石面层		
施工管理标准	卵石大小均匀,铺设整齐		
常见问题	存在石缝过大、铺设杂乱、卵石过大等问题		

5. 木质面层

在搭建时尽量使用长木板减少接头,以求美观;板面通常留 5 ~ 10mm 缝隙,特殊要求除外。

在制作和穿孔过程中,应先用电钻打眼,然后用螺丝等固定,以免造成人为开裂。

铺钉之前,应对隔栅顶进行拉线找平,各板之间打眼孔应在一条直线上,避免弯曲影响美观。

待木材干燥或风干后在其表面使用木材防护漆进行涂刷(表 9-11)。

<table>
<tr><td colspan="3" align="center">木制面层样式</td><td align="right">表 9-11</td></tr>
</table>

分类		木质面层
施工管理标准	搭建平整、美观	
常见问题	存在开裂、接头多影响美观、木材受潮等问题	

三、公交和停车场

（一）公交站设计

统一布置线路和停靠站、首末站等，要将公交设施纳入景观系统统一设计。

公交站台宜用乡土材料，如木、竹、石、瓦等，或相应的仿制材料，造型宜有地方乡土特色，宜用坡顶（表 9-12）。

公交站设计样式   表 9-12

分类	公交站
推荐样式	将公交设施纳入景观系统
允许样式	公交车站与村庄景观协调
不推荐样式	公交车站设计简陋，缺乏地方特色

（二）停车场设计

推荐硬质结合绿化的生态停车场。地面材质可选用沥青、块石、卵石、小弹石、砾石、透水混凝土、固化砂土路面、砖等。尽量避免舒适性较差的传统植草砖，忌停车场周边无绿化遮掩。

停车场与公共空间、水体交界，需充分考虑安全防护措施（表 9-13）。

停车场设计样式　　　　　　表 9-13

分类		停车场	
推荐样式	与绿化结合的生态停车场		
允许样式	有绿化搭配		
不推荐样式	不推荐无绿化遮盖		

1. 功能要求

合理规划村庄停车场，充分考虑机动车和农机具存放空间（表 9-14）。

村庄停车场设计样式　　　　　　表 9-14

停车场类型	
	普通机动车停车场

2. 景观要求

风格上推荐结合绿化的生态停车场，与周边环境协调（表9-15）。

生态停车场设计样式　　　　　　　　　　　　　　表 9-15

分类	停车场景观
推荐样式	 生态停车场
允许样式	 空地铺设砂石作为临时停车场
不推荐样式	 大片硬质铺地停车场

3. 铺地材质

停车场铺地材质应充分考虑荷载，推荐使用坚固耐用硬质材料，可选用岗石、卵石、小弹石、砾石、透水混凝土、沥青、固化砂土路面、植草格、砖等材质（表9-16）。

铺地材质设计样式　　　　　　　　表 9-16

分类	停车场材质
推荐样式	铺面不仅可以增加绿化面积，也有利于排水和保温
允许样式	水泥砖铺面强度大且干净整洁，可与广场搭配灵活使用
不推荐样式	大片水泥浇筑停车场，严重影响村庄景观

4. 防护设施

停车场防护设施应考虑防护高差、景观协调等因素（表 9-17）。

防护设施设计样式　　　　　表 9-17

分类	安全防护设施
推荐样式	 停车场安全防护设施与周边景观相协调
允许样式	 停车场有防护栏
不推荐样式	 停车场与周边有高差无防护

5. 管理维护

避免出现停车场不划分车位导致停车混乱的情况。避免停车场停车位过小或回车空间不足情况。停车场绿化植物需定期维护（表 9-18）。

停车场管理维护样式　　　　　　　　　　　　表 9-18

分类	常见问题
停车场	 停车场绿化未维护，不划分车位

四、垃圾治理设施

（一）垃圾分类投放点

统一分类设施标志标识和颜色，按照可回收物、有害垃圾、易腐垃圾和其他垃圾四大类进行垃圾分类投放。

要求垃圾分类投放点标识清晰明确，有条件可设置垃圾分类宣传栏。

垃圾分类投放点设计美观，与周边环境协调，有条件可设置雨棚（表 9-19）。

垃圾分类投放点样式　　　　　　　　　　　　表 9-19

分类	垃圾分类投放点
推荐样式	 垃圾分类设施明确且美观，设有雨棚

分类	垃圾分类投放点
允许样式	 垃圾分类设施标识清晰
不推荐样式	 垃圾分类设施标识不明确且景观差

（二）垃圾箱设计

主要村道、节点及村庄内部均匀设置垃圾箱，平均100～200m设1处，避开放置于边沟及水渠边。

垃圾箱避免过于鲜艳，要求坚固耐用、不易倾倒，外框可选用竹、木、仿木等材料，内框采用防水、易清洁材料，应兼具美观与功能性（表9-20）。

垃圾箱设计样式　　　　　　　　　　　表9-20

分类	垃圾箱
推荐样式	 外框选用竹、木材料，坚固美观

续表

分类	垃圾箱
允许样式	 仿木与不锈钢材质结合
不推荐样式	 颜色过于鲜艳

（三）垃圾收集与处理基础设施建设

开展农村生活垃圾分类收集、资源化处理，以农户为单位开展源头分类，确保终端设施运行正常。根据村域实际，选择生活垃圾处置模式，完善各类处理设施。

按效率最大化原则，合理配置微生物发酵资源化处理设施、垃圾分类收集车、垃圾分类桶。

垃圾清运及时、规范，无遗撒，垃圾日产日清，村内环境整洁有序，确保无垃圾、无焚烧现象及痕迹、无卫生死角等现象。环卫基础设施配置维护到位，果壳箱、垃圾桶干净整洁（表9-21）。

分类	垃圾收集处理设施		
	垃圾收集处理设施样式 表9-21		
施工管理标准	环卫管理有序，垃圾日产日清		
常见问题	环卫管理清运不及时，垃圾有遗撒		

五、污水治理设施

（一）农村污水处理模式

针对厨房、卫生间、浴室等农村生活污水，根据村庄规模、地形等因素的差异，可采用多种污水处理模式。

1.集中收集管理模式。通过村级污水管道收集，经由市政管网，最后纳入城镇污水处理厂统一处理的模式，适用靠近市政污水收集管网、具备截污纳管条件的地区。

2.厌氧生物处理模式。通过村级污水管网收集，由厌氧生物处理池处理的模式，适用于出水水质要求不是特别高、具备一定地形条件、能够通过污水管网收集的地区。

3.好氧生物处理模式。通过村级污水管网收集，由好氧生物处理池处理的模式，适用于出水水质要求较高、具备一定地形条件、能够通过污水管网收集农村生活污水，且具备日常维护管理能力的地区。

4.人工湿地生物处理模式。通过村级污水管网收集，由人工湿地处理的模式，适用于出水要求一般、有一定面积的空余土地可供利用的地区、一般需要预处理工艺去除悬浮颗粒物。

5.组合处理模式。农村生活污水通过村级污水管网收集，由两个或以上处理设施串联后共同进行处理的模式，适用于出水要求较高、单一处理模式无法满足要求的地区。

6.户用分散处理模式。农村生活污水每户或几户就近采用分散式处理设备处理的模式，适用于农居分散或受地形条件限制，污水管网无法收集或收集成本过高的农户，可根据出水水质要求选择不同的治理工艺，适用于单户或联户处理（表9-22）。

农村污水处理模式　　　　表9-22

污水处理模式	
集中收集管理模式	厌氧生物处理模式
对农村生活污水水质水量变化适应能力强	运行费用低，管理维护简便
好氧生物处理模式	人工湿地生物处理模式
工艺成熟，适应性强，布置灵活	对农村生活污水水质水量变化适应能力强，处理效果良好，景观佳，维护简便，能形成组合处理模式，但占地面积较大

分类	污水处理模式	
组合处理模式	 处理效果良好，高效组合，能弥补单一模式的不足，但工艺多，管理要求高	户用分散处理模式
		 质量稳定，施工周期短，运行费用低，管理方便

（二）农村污水处理池

污水处理池周边应做好绿化景观美化，融入周边环境。

污水处理池设置需根据村庄规划、污水量以及地形地势等综合因素来确定。池址应尽可能设在村庄边缘，并要求出水管线短，靠近受纳水体。

污水处理池尽可能设在生活居住区的下风向及远离生活居住区，以减少对在村人员的环境影响。池址应尽可能设在地势低处，有利于污水自流，减少污水提升次数，节省投资和运行成本以及降低施工难度（表9-23）。

农村污水处理池 表9-23

分类	农村污水处理池
推荐样式	 处理池周边进行绿化，围栏和隔离带

续表

分类	农村污水处理池
允许样式	 处理池周边有景观美化
不推荐样式	 处理池没做景观化处理

（三）农村污水处理管网

　　管网布置应以合理布局、减少提升为原则。应根据当地地形及农居分布，进行农居污水收集，收集尽量采用重力流，沿管网就近接入。

　　污水管道与其他管线交叉需符合相关规范要求，管道覆土厚度要求一般为车行道下不小于0.7m，人行道下不小于0.5m，避免出现污水管道外露情况。

　　污水管道应设置检查井，管网设计要结合民意，在设计及布置允许的情况下，做到不扰民（表9-24）。

农村污水处理管网　　　　　　表 9-24

分类		污水处理管网	
施工管理标准	管道覆土厚度符合要求，雨污分流		
常见问题	污水管道覆土厚度不足，污水排放不符合规定		

（四）农村污水处理检查井

水力条件变化处应设置检查井，即管道方向转折处，管道坡度改变处，管道断面（尺寸、形状、材质）、基础、接口变更处，管道交会处。

直线管道上每隔一定距离设置检查井，污水管道管径 ≤ D400 时，最大间距不大于 30m。排水管道每隔适当距离设置的检查井内宜设置沉泥槽，深度 0.1 ~ 0.3m。

污水检查井应便于管理维护，检查井的内壁、井底及与管道接口部分需确保不渗漏，井盖的材质需确保安全。污水检查井井盖需防止雨水汇入（表 9-25）。

农村污水处理检查井　　　　表 9-25

分类	污水处理检查井	
施工管理标准	井盖密封，检查井内部确保不渗漏	
常见问题	井盖材质不安全，造成雨水汇入及安全隐患	

（五）出水水质标准

所有农村污水处理按照相关标准执行（表 9-26）。

出水水质标准　　　　表 9-26

分类	施工管理标准	常见问题
出水水质	污水排放符合水质要求	污水排放不符合水质要求

六、厕所

（一）总体要求

无露天旱厕，清洁卫生，整体设计突出地方特色，与周边环境协调；公厕内有特殊群体便利设施，设施维护及时到位（表9-27）。

厕所样式 表9-27

分类	样式		
推荐样式	厕所外观与周边环境协调，公厕内有特殊群体便利设施		
不推荐样式	露天旱厕，改厕不到位；卫生环境差，设施维护不及时，不到位		

（二）农村公共厕所分类标准

农村公共厕所指在农村地区人口较集中区域设置的供公众使用的厕所。

根据建筑形式不同，可分为独立式公共厕所（不依附于其他建筑物的固定式公共厕所）和附属式公共厕所（依附于其他建筑物的固定式公共厕所）。

根据质量标准不同，可分为省级示范性公厕、省级星级公厕、其他公厕。

乡镇卫生院、集贸市场公共厕所设计按农村公厕建设改造服务提升标准（2018年）执行，独立式公共厕所应达到三类要求，附属式公共厕所应达到二类要求；农村中小学校公共厕所设计按《中小学校设计规范》GB 50099-2011、《九年制义务教育普通学校建设标准》DB33/1018–2005 执行；旅游景点公共厕所设计按《旅游厕所质量要求与评定》GB/T 18973–2022 执行。农村中小学校、乡镇卫生院、集贸市场、旅游景点公共厕所应达三类卫生标准值。

（三）农村公共厕所规划选址

在农村地区村落居住区等人口较集中区域应建设固定独立式公共厕所，遵循文明、卫生、方便、安全、节能的原则。农村公共厕所选址应符合各类规划，坚持节约集约用地，尽量避占耕地，不得占用永久基本农田。应选择地势较高，不易积存雨水，无地质危险的地段，且方便使用者到达，便于管理的位置。农村公共厕所与饮食食品行业、托幼儿机构和集中式供水点的距离应在 50m 以上，应选择便于维护、出粪及清渣位置。农村公共厕所宜安排在所服务区域的常年主导风向的下风向处。原有露天粪坑或简易厕所如符合选址要求，应有效利用。

农村公共厕所设置和建筑面积应根据服务人口及区域性质确定。设置密度宜为 2 ～ 3 座 /km²，服务人口宜为 500 ～ 1000 人 / 座，人口达到一定规模的自然村即应建一座（培育发展乡村旅游的自然村必须建设公厕）。农村公共厕所建筑面积宜为 20 ～ 70m²，有条件的地方宜设置管理间，面积 2 ～ 4m²。流动人口多、旅游沿线区域可根据实际情况设置。

（四）农村公共厕所设计建设

农村公共厕所应具备水冲条件，并且节水防冻。农村公共厕所内应设置小便槽，室内地面坡度应坡向小便槽。有条件的地方设置独立小便器，宜采用独立半挂式便斗和每次用水量不大于 1.5L 的冲水系统。农村公共厕所大便器的布置应以蹲便器为主，男女厕间应至少各布置一个坐便器，大便器宜采用每次用水量不大于 4L 的冲水系统。

农村公共厕所内女厕面积应不小于男厕。农村公共厕所建筑室内净高不宜小于 3m，（设天窗时可适当降低）。室内地坪标高应高于室外地坪 0.15 ～ 0.2m。农村公共厕所内应分设男、女通道，厕位不应暴露于厕所外视线内，必要时应设置厕所门；厕位之间应设置隔板，宜设置厕间门，隔板和门的下沿与地面距离应大于 0.1m，上沿与地面距离应不低于 1.2m；独立小便器站位宜有隔断板，高度宜为 0.6 ～ 0.8m，下沿距地面应为 0.6m；门及隔板应采用防潮、防划、防画、防烫材料。农村公共厕所平均每厕位建筑面积为 1.2 ~ 2m²，独立小便器间距应为 0.6 ~ 0.7m。蹲便器内缘距后墙距离不小于 0.25m，单排蹲位通道宽度为 1 ~ 1.5m，双排蹲位通道宽度为 1.3 ~ 1.8m。

农村公共厕所内墙面应采用光滑、便于清洗的材料；地面、蹲台、小便池及墙裙，均应采用防滑、不透水材料，并应设置水沟或地漏。地面坡度应坡向水沟或地漏，禁止冲洗水流向室外。农村公共厕所排水管道应采用塑料排水管（UPVC），管道坡度宜为 0.01 ~ 0.015。

农村公共厕所的采光面积之和与地面面积比应不小于 1 : 8，当外墙侧窗不能满足要求时可增设天窗。厕所内应接入电源，并安装人工照明设施，用电纳入村路灯管理系统。应优先考虑自然通风，当自然通风不能满足要求时应增设机械通风。通风量的计算应根据厕位数计算，每个座位、蹲位不小于 40m³/h，每个站位不小于 20m³/h，厕所间通风换气频率达到 3 次/h 以上。

有条件的农村公共厕所宜设置第三卫生间或无障碍厕位，无障碍厕位必须设置扶手，并安排在出入方便的位置。设计应符合现行国家标准《无障碍设计规范》GB 50763-2012 的有关规定。

农村公共厕所应设洗手盆，有条件的可男女分设洗手盆；应至少设一个清洁池。有条件的农村公共厕所宜设置工具间，工具间面积宜为 1.0 ~ 1.5m²。

农村公共厕所外观应与周边环境和建筑相协调，在符合实用性的基础上，结合当地特点，整体设计应新颖美观。

（五）农村公共厕所粪便收集处理

农村公共厕所粪便收集处理应使用三格化粪池，在建筑上应做到有盖、不渗漏，防止污染地下水。粪便处理设施距离取水构筑物不小于 50m，三格化粪池壁距其他建筑物不小于 5m，并不应影响建筑物基础。三格化粪池或沼气池的检查井、出粪口不应设在低洼处。化粪池排水管的坡度应保证废液顺利排出。

三格化粪池的总容积应按下式计算：

$$W=(1.3a_nN+365a_nV)/C_n \qquad (9-1)$$

式中 W —— 化粪池（三格化粪池）总容积（m³）；

1.3 —— 化粪池的预备容积系数；

a_n —— 人一年粪尿积蓄量（m³），取 0.553 ~ 0.793；

N—— 每日使用该公共厕所的人数；

V—— 每日用水量（m^3），取 3 ~ 4L / 人；

C_n—— 一年中化粪池清除次数。

农村公共厕所三格化粪池 1、2、3 池容积比原则为 2 ∶ 1 ∶ 3；三格化粪池贮留粪便的有效时间，第一池不少于 20d，第二池不少于 10d，第三池原则要求第一、二池有效时间之和。农村公共厕所化粪池第三格或沼气池的粪液、沼液，应优先考虑直排市政污水管道或纳入农村生活污水处理系统，粪渣应定期清淘，进行无害化处理。

（六）农村公共厕所卫生管理

公共厕所设施完好无损，标志图形符合《环境卫生图形符号标准》CJJ/T 125-2021 的要求，公共厕所内采光、照明和通风良好。应合理配备垃圾篓，并按时清理。地面应保持清洁、无积水，不得有明显的纸屑、烟蒂等杂物，且臭味不明显。蹲位、小便器整洁，无水锈、尿垢、粪迹、垃圾，沟眼、管道畅通。墙面、门窗、隔离板整洁，无乱写乱画，无污迹，无积灰、蛛网。

公共厕所内照明灯具、洗手器皿、镜子、挂衣钩、冲水设备、拖把池完好，保持洁净。公共厕所外环境整洁，工具摆放有序。公共厕所四周 3 ~ 5 m 内无垃圾、粪便、污水等污物，宜绿化、美化。蚊蝇滋生季节应定时喷洒灭蚊蝇药物，有防蝇、防蚊和防臭措施。厕所室内应基本无蝇，各类粪池周围无蝇蛆滋生。对公共厕所的粪便（含化粪池的粪便污泥）应按《粪便无害化卫生要求》GB 7959-2012 的要求进行无害化处理。应经常进行卫生消毒。在肠道传染病流行时，应按《传染病防治法实施办法》的规定，对公共厕所的粪便进行消毒处理。

（七）农村公共厕所卫生服务

农村公共厕所应设置保洁人员，保洁人员应遵守服务提供者制定的各项规章制度，及时向服务提供者反映公众意见。保洁人员开展保洁作业时，应使用劳动保护用品，并在醒目位置放置保洁作业指示牌、警示牌。及时填写相关工作记录并保存，保存期限为至少一年。

公共厕所应每天打扫、冲洗不少于 2 次。每天清理垃圾篓不少于 1 次，人流大的地方应增加清理频次。对公共厕所定期、定时进行检查。至少每周 1 次对公共厕所进行消毒除臭处理，在夏秋季节和传染病流行期间，增加消毒次数。经常检查公共厕所内供水和水冲等设施的正常使用情况，发现故障及损坏，及时报修。填写相关工作记录并保存。

（八）农村公共厕所粪便无害化卫生监测

按规范进行维护管理，符合卫生基本要求，具有减少、去除、灭活粪便中生物性致病因子使其失去传染性的处理设施和污水得到有效处理的农村公共厕所。由公厕建造单位定期委托有资质的检测机构按《粪便无害化卫生要求》GB 7959-2012 的要求进行粪便无害化处理效果抽样监测，宜每年一次。

检测方法包括粪大肠菌群菌值、蛔虫卵、血吸虫卵、钩虫卵、沙门氏菌检测，按照《粪便无害化卫生要求》GB 7959-2012 方法进行。

评价标准为：农村公共厕所出口粪液的粪大肠菌群菌值不小于 10^{-4}；蛔虫卵沉降率不小于 95%；血吸虫卵和钩虫卵不得检出活卵（非血吸虫病和钩虫病流行区，免检）；不得检出沙门氏菌。

七、消防设施

按照国家和省市规范要求完善村庄消防设施配套，保障5min消防圈建设（表9-28）。

消防设施样式　　　　　　　　　　　　　　　表9-28

分类	样式图示
推荐样式	 消火栓

续表

分类	样式图示
推荐样式	<div align="center">村庄的微型消防车</div><div align="center">池塘作为消防水源</div>

（1）乡村消防应遵循乡镇总体规划等规划，贯彻预防为主、防消结合的方针，推进消防工作社会化，针对消防安全布局、消防站、消防供水、消防通信、消防通道、消防装备、建筑防火等内容，进行综合设计。

（2）集中供水的村庄、聚居点应布设消火栓等设施；不具备集中供水的聚居点可利用河湖、池塘、水渠等既有水源或采用人工消防水池的方式建设消防设施。

（3）消防给水设施应尽量结合村庄给水设施进行布置；在不具备给水管网的村庄，应充分利用河、湖、池塘、水渠等水源，因地制宜地建设消防给水设施。

（4）在具备给水管网的村庄，宜沿道路设室外消火栓，其距路边不宜大于2m，距离房屋外墙不宜小于5m，有困难时，不可小于1.5m。室外消火栓间距不宜超过120m，保护半径不宜大于150m。

（5）消防通道应尽可能利用村庄交通道路。宽度不小于4m，转弯半径不小于8m，穿越门洞、管架等障碍物的净宽度和净空高度不小于4m的道路均可作为消防通道，且消防通道之间的距离不宜大于160m。

（6）生产和储存易燃、易爆物品的工厂、仓库、堆场应设置在相对独立的安全地带。耐火等级低的建筑密集区应开辟防火隔离带。在重点防火场所和部位设置消防警示标志。

（7）村庄各类建筑的设计和建造应符合《农村防火规范》GB 50039-2010 的有关规定。

八、防洪排涝

依据当地水文，加强河道管理。村庄段和连片农田的防洪标准为 10 年一遇，零散农田防洪标准为 5 年一遇。排涝标准为 10 年一遇。结合村域地形，因地制宜高水自排，低水抽排，提高排涝能力。

（1）受江、河、湖、海、山洪、内涝威胁的村庄应进行防洪整治。在易发生内涝的地段，排涝与排水工程相结合，统一规划和实施。

（2）村庄应选择适宜的防内涝措施，当村庄用地外围有较大汇水汇入或穿越村庄用地时，宜用边沟或排（截）洪沟组织用地外围的地面汇水（表9-29）。

（3）村通路以上等级的道路，应尽量避免洪水淹没。

（4）结合"清水河道工程""五水共治"等，加强村庄内河道清淤疏浚、拓宽整治，加强河道过水断面，提高河道对水体的调蓄能力，适当提高建设区域室外地坪。

防洪排涝样式 表9-29

分类	防洪排涝
推荐样式	 自然通畅的排洪沟

分类	防洪排涝	
不推荐样式	 排洪沟淤塞	 避免村庄主要道路遭遇洪灾

九、杆线序化

（一）总体要求

原有架空线路无法埋地的，在确保安全的情况下，力求减少杆路、线缆数量，保证杆路和光（电）缆整齐、美观，采用共杆分线方式推进杆路架设，最大限度实现资源共享（表9-30）。

杆线序化样式　　　　　　　　表9-30

分类		问题样式	
不推荐样式	杆线未整合，形成空中蜘蛛网		
	线路走线有安全隐患		

（二）设计要点

弱电在无法上改下的情况下必须多家弱电单位并杆，并尽可能与强电单位并杆；强弱电线路进户应先顺立杆，落地后接至用户，必要时可沿用户的连续外墙布线。

（三）施工要求

强弱电进户必须避免直接在线杆或架空线上进行空中拉线；未经批准，各弱电单位不得各自设杆。

十、智慧管理设施

（一）负面清单

负面清单   表 9-31

分类	问题样式
不推荐样式	

（二）设计要点

充分借力 5G、人工智能、物联网、大数据、云计算等先进技术，加强 5G 基站、物联网、数据中心、智慧安防等新型基础设施建设，实施乡村智慧化管理，建设数字乡村、智慧农业，搭建乡村物联网体系，推进雪亮工程，发展智慧化乡村旅游。在建设以上设施时应充分考虑设施与村容村貌的协调，在必要的设施上做好隐蔽和装饰措施。

第二节　公共设施指南

一、总体要求

（一）配置标准

按照现代化乡村标准，配置综合服务、教育、文化、体育、卫生、养老等公共服务设施，有条件的地区可结合 5 分钟、15 分钟、30 分钟生活服务圈的要求配置（表9-32）。

公共设施总体配置标准　　　　　　　　　　　　表 9-32

公共设施项目	设置方法	备注
村里组织的办公场所	中心村、较大农居点根据需求设置	可结合村庄公共服务中心设置
一站式服务大厅	中心村、较大农居点根据需求设置	可结合村庄公共服务中心设置
综合调解室	中心村、较大农居点根据需求设置	可结合村庄公共服务中心设置
小学	中心村根据需求设置	
幼儿园	较大农居点根据需求设置	
社区综合文化活动室（文化礼堂）	可结合村民中心设置	要求行政村全覆盖
老年活动室	可结合村民中心设置	
体育健身场所	可结合公共空间设置	
卫生服务中心	可结合村民中心设置	
居家养老服务中心	可结合村民中心设置	
农村电商服务站	较大农居点根据需求设置	

（二）公共服务设施建设

应符合当地村民的生产生活习惯，突出地域乡土风貌特色。

（三）公共服务设施管理

根据各项公共服务内容的主客体不同，划分为政府管理、村自治组织、市场供给等不同方式实施。

二、综合服务

（一）办公室

中心村、较大农居点办公室可结合村庄公共服务中心设置，包含办公、会议等功能，根据村庄规模不同，村办公室规模控制在 90 ~ 140m²。

（二）一站式服务大厅

中心村、较大农居点一站式服务大厅可结合村庄公共服务中心设置，根据村庄规模不同，一站式服务大厅规模控制在 60 ~ 90m²。

（三）综合调解室

中心村、较大农居点综合调解室可结合村庄公共服务中心设置，根据村庄规模不同，综合调解室规模控制在 25 ~ 40m²（表 9–33）。

综合服务设施配套 表 9-33

村办公室

一站式服务大厅

综合调解室

三、教育服务

（一）小学

中心村因需为其周边村庄服务，原则上可配置小学。

（二）幼儿园

各村根据自身等级规模，设置相应教育设施，1000人以上农村聚居点原则上配置幼儿园一处；根据实际情况，幼儿园、小学可合设（表9-34）。

教育设施配套　　　　　　　　　　　　　　　　　　　　表9-34

| 教育设施配套 | 以校舍改造为契机，进行教育模式的改革 | 根据地方特点创办了一所民工子弟寄宿制学校 |

四、文化服务

（一）社区综合文化活动室

可结合村民中心，结合绿地建设或单独设置，方便村民使用；应做到中心村庄一村一个，基层村庄与周边村庄共用一个。

（二）老年活动室

可结合村民中心，结合绿地建设或单独设置，方便村民使用；应做到一个村设置一个老年活动室（表9-35）。

<table>
<tr><td rowspan="2">文
化
活
动
配
套</td><td colspan="2" align="center">文化活动配套</td><td align="right">表 9-35</td></tr>
</table>

文化活动配套　　　　　　　　　　　　　　　　表 9-35

村文化礼堂

乡村图书馆

五、体育服务

（一）全民健身场所

应结合公共空间设置全民健身场所；应做到中心村庄一村一个，基层村庄与周边村庄共用一个（表9-36）。

体育健身场所配套　　　　　　　　　　　　　　表 9-36

村棒球场

村全民健身场所

（二）体育健身设施

可在村广场、公共绿地、房前屋后配置体育健身设施（表9-37）。

体育健身设施配套　　　　表 9-37

村广场设室外篮球场

村庄路旁空地上设置乒乓球桌

村广场上配套健身设施

（左侧竖列：体育健身设施配套）

六、卫生服务

（一）卫生服务中心设置

可结合村民中心，与村委会结合建设或单独设置。

（二）卫生服务中心配置标准

应做到中心村庄一村一个，基层村庄与周边村庄共用一个（表 9-38）。

<table>
<tr><td align="center">卫生服务中心</td><td align="right">表 9-38</td></tr>
</table>

村卫生室

七、养老服务

（一）居家养老服务中心设置

居家养老服务中心可结合村民中心，利用村庄寺庙、祠堂等进行设置，应尽量靠近社区卫生服务站、老年活动室配置。

（二）居家养老服务中心配置标准

应做到中心村庄一村一个，基层村庄与周边村庄共用一个。

（三）居家养老服务中心服务内容

服务内容应包括餐饮、理发、日托、保洁、洗衣（被）、医疗巡诊、代购日用品、精神慰藉等（表 9-39）。

<table>
<tr><td align="center">居家养老服务中心</td><td align="right">表 9-39</td></tr>
</table>

村居家养老服务照料中心

村居家养老服务站

第三节 风貌引导指南

一、总体要求

（一）顺应自然格局

村庄应尊重山形水势，引导村庄建设与山水林田湖等自然环境要素有机融合，做到慎砍树、禁挖山、不填湖、少拆房。

（二）延续人文肌理

村庄应延续历史文脉肌理，妥善处理村口风景林、明堂、水口、宗祠等传统场所与现代功能之间的关系，寻求原有村落的"秩序逻辑"和"营建智慧"，强调村落的生长性和延续性。

（三）提倡有机更新

做好村庄"微拆迁""微更新""微改造"等"绣花"功夫，避免打破原有村庄格局的大拆大建。

二、建设风貌

（一）村庄建设风貌与山水肌理相融合

挖掘乡村山、水、林、田、湖等自然景观资源的分布与特征，开展各类资源评价，加强与生态保护红线、永久基本农田保护红线的衔接，引导村庄布局与山林、农田、水系有机融合，做到疏密有致（表9-40）。

| | 村庄建设风貌与山水融合 | 表 9-40 |

<table>
<tr>
<td rowspan="3" style="writing-mode:vertical">与山水肌理融合</td>
<td>
村庄建设与山水肌理紧密结合</td>
<td>
村庄建设与农田、水系有机融合</td>
</tr>
<tr>
<td>
传统建筑与山、水、田肌理融合</td>
<td>
村庄与湖泊水系相辅相成</td>
</tr>
<tr>
<td>
修旧如旧，与群山和谐共生</td>
<td>
村庄与山水环境融为一体</td>
</tr>
</table>

（二）村庄建设风貌与历史文化风貌相协调

系统识别乡村历史文化资源，科学划定历史建筑等紫线，实现应保尽保、修旧如旧和活化利用，村庄建设应与历史文化风貌相协调（表 9-41）。

村庄建设风貌与历史文化风貌融合　　　　　表 9-41

与历史文化风貌协调	 古村落保护	 古村落保护
	 传统肌理保存	

三、建设形态

（一）整体形态

根据地形地貌,浙江省村庄建设整体形态可分为平原型和山地型两大类(表9-42)。

村庄建设整体形态　　　　　表 9-42

整体形态	 平原型村庄的整体形态	 山地型村庄的整体形态

（二）新老风貌融合

乡村应尊重村庄整体、街巷、建筑肌理，处理好新建片区与已建片区之间的关系，推进浙派民居落地，传承乡村风俗，保留原有社会风俗与生活网络，实现"新老风貌融合"（表9-43）。

村庄建设新老风貌融合　　　　　　　　　　　表9-43

新老片区肌理融合	新老片区肌理一致
新建组团沿袭村庄原有肌理	新建组团沿袭村庄原有肌理　　 新建组团沿袭村庄原有肌理
不推荐布局模式	村庄沿道路"围墙"式布局，分散不利基础设施配置

（三）村庄与景观风貌融合

在环境优美、旅游资源丰富的区域，可采取旅游产业引导村庄建设的"以景带村"

的模式，以 A 级景区村落创建、金宿和银宿创建、全域环境整治等为抓手，在村庄
建筑风格、体量、色彩、形态、开敞空间等方面结合自然特征设计，推进"村景风
光融合"（表 9-44）。

村庄建设与景观风貌融合　　　　　　表 9-44

旅游景点带动村庄风貌提升	景中村风貌景观	梯田景区建设带动崇头镇坑根村风貌整治
	村内天然景点连绵不绝	村庄坐落于山水环抱之中
村庄风貌影响景区环境	土楼周边建筑风貌杂乱	周边建筑风格与传统景观不协调

（四）轴线与空间形态

村庄轴线引导可采用空间抑扬、收放、虚实对比，空间调和、空间衔接、过渡
等手法，形成均衡与稳定、节奏与韵律、统一与变化、对比与微差等空间形态与空
间尺度的变化，增强空间趣味性（表 9-45）。

轴线与空间形态　　　　　　　　　　　　　　表 9-45

轴线		
	顺应地势，结合溪、祠堂、桥等要素组织轴线	结合古村历史遗存、水系设计轴线
	根据村庄主要道路组织轴线	根据视觉通廊设计轴线

（五）天际线

村庄应充分利用地形高差，并通过分级分类的高度控制、退让等手段，营造良好的天际线景观（表 9-46）。

村庄天际线　　　　　　　　　　　　　　　表 9-46

村庄天际线		
	村庄内建筑结合山水，塑造屋顶起伏不断的天际线	建筑屋顶结合山体，天际线完整统一
	建筑屋顶与山脊线完美融合，形成优美天际线	村庄天际线呼应山体，屋顶起伏富有变化

四、公共空间与重要节点建设

（一）总体要求

公共空间包括村民可自由进入并进行交流的公共空间以及村庄内举办制度化活动的空间在内的农村公共空间。在建设的过程中，应注重它的历史文化保护、空间风貌引导、功能设施完善，使农村公共空间在增强村民间凝聚力、促进文化传承发展、提供交往平台方面发挥更好的作用。

根据公共空间的位置不同，可将其分成三类，位于村口的迎接空间、位于重要节点的活动空间以及街巷中的连接空间，不同的空间在尺度、功能、平面设计、铺装、设施等方面有不同的建设要求。

（二）分类引导

1. 迎接空间

乡村的迎接空间例如村口空间，具有多样性和复合性。首先，它具有重要的迎客功能；其次，对村民来说它是一个重要的交流空间，可利用原有历史构筑物、古树、亭廊、水系、桥、小型广场、组团绿地等元素，形成入口空间和形象。村口建设应突出本村特色，简洁朴素，特质鲜明，考虑主要人流来向，避免对车行交通的视线阻挡，并与周边环境融合（表9-47）。对村民来说，它也是一个绝佳的商业空间，同时也是乡村必不可少的生活空间。

迎接空间样式　　　　　　　　　　　　　　　　表9-47

分类	样式图示
推荐样式	 利用村口进行休憩、交流活动

分类	样式图示
允许样式	 迎接、接待客人
不推荐样式	 村口杂物乱堆乱放

场地尺度应适合人的尺度，避免大面积水泥或花岗石铺装，推荐用块石、弹石、卵石、砖瓦等乡土材料，鼓励局部采用图案式铺装，体现当地风土人情，禁止采用整齐划一的城市化铺砌方式（表9-48）。

<table>
<tr><td colspan="3" align="center">节点铺装</td><td align="right">表 9-48</td></tr>
<tr><td>分类</td><td colspan="3">节点铺装</td></tr>
<tr><td>推荐样式</td><td>提倡多种乡土材料组合</td><td colspan="2"> </td></tr>
</table>

续表

分类		节点铺装	
允许样式	铺装场地富有变化		
不推荐样式	不推荐大规模单一铺装		

　　场地周边应设置多元化休憩设施，形式也应具有乡土特色，简洁质朴，并与环境协调（表9-49）。

休憩设施样式 表 9-49

分类		休憩设施	
推荐样式	条石坐凳与环境协调		
允许样式	与环境不冲突		

续表

分类	休憩设施		
不推荐样式	与环境不协调		

村庄主入口、公共空间等重要节点就地取材，体现特色。村庄主入口宜设村名标识。

村口、公共空间等重要节点，提倡借助本底、因地制宜。可借用现有的桥梁、大树、山形，事半功倍地营建景观。

村口不必都建牌坊，也不用统一立大石；对于新建的小品型村口，宜简、宜巧，就地取材，杜绝千村一面（表9-50）。

村口设计样式 表9-50

村口		
	村口标志可多样：桥梁、树木等；若是设立人工标识，宜简、宜巧，就地取材	

展现新时代乡村景观。村庄及周边道路设施建设，应符合现代行车要求。村庄周边的农田、山地等，按农作物生长规律，据时令耕种，杜绝闲置。过境道路两侧田地、村口，就地取材，布置篱笆、围墙，则自成景观。有条件的村庄，可积极推广太阳能、天然气等可再生能源、清洁能源的应用（表9-51）。

<table>
<tr><td colspan="2" style="text-align:center">乡村景观样式</td><td style="text-align:right">表 9-51</td></tr>
</table>

乡村景观样式　　　　　　　　　　　　　　　　　表 9-51

乡村景观		

2. 活动空间

常见的活动空间比如广场公园，应设置在人流活动密集或主要道路交会处，宜开敞，根据服务人数确定规模，避免尺度过大，也可在宗祠周边设置（表 9-52）。

广场尺度样式　　　　　　　　　　　　　　　　　表 9-52

分类		广场尺度	
推荐样式	尺度适宜		
允许样式	尺度尚可		
不推荐样式	尺度过大		

广场可考虑多种用途兼用，如节庆表演、广场舞、晒谷、儿童活动等（表9-53）。

广场样式　　　　　　　　　　　　　　　　　　　　表9-53

分类	样式图示
推荐样式	 节庆表演等文娱活动
允许样式	 晒谷等乡村生产活动
不推荐样式	 晒被子

提倡老石板、块石、弹石、老砖瓦等乡土材料，禁止采用大面积水泥浇筑、光面或烧面花岗石或大面积青砖铺砌。拼接方式应多样化、乡土化和具有趣味性，禁止采用统一规格通体铺砌，以及对缝严密的城市广场铺装拼接方式。彩色塑胶要严格把控品质，避免用老化快、褪色开裂及有毒害的产品（表9-54）。

广场铺装　　　　　　　　　　　　表 9-54

分类		广场铺装	
推荐样式	多规格乡土材料错缝拼砌		
允许样式	拼接方式多样化		
不推荐样式	大规模烧面花岗石铺装		

　　宜多设置林下遮阴、亭廊等休憩空间，及座凳和健身设施。亭廊等设施要有乡土气息，不宜模仿现代城市和私家园林的一些繁琐做法，如过于复杂的挂落、额枋、彩画，以及颜色鲜艳的柱、梁等。有高差处宜考虑无障碍设计（表 9-55）。

广场设施　　　　　　　　　　　　表 9-55

分类		广场设施	
推荐样式	亭廊具有乡土气息		

分类	广场设施		
允许样式	建筑结构不复杂		
不推荐样式	过度城市化构架		

祠堂同样是乡村重要的活动空间，旧时祠堂是举行祭祀的建筑场所，是追慕先祖的地方。旧时的宗祠成了教书育人的学校，继续为家氏子孙造福，培育了一代代族氏后人。

而到了现在，祠堂成为重要的交流和生活空间，村民常常在祠堂里举行重要的仪式，许多重要的村内事务、会议也会选择在祠堂内进行。

祠堂作为一种特殊的乡村建筑，承载了诸多历史、人文、科学、艺术、建筑、民俗等信息，是珍贵历史文物的重要组成部分。要使祠堂不遭受肆意破坏，村民的关注最为有效，可在道路要道口或祠堂周围建立永久性宣传牌，积极宣传文物保护知识和意义，让全社会关注爱护祠堂文物。

同时，设专人看管祠堂，在祠堂定期举办一定活动，避免因不透光线，屋内潮湿，对屋内设施有较大的朽蚀作用（表9-56）。

祠堂改造　　　　　　　　　　　　　　　　　　　表 9-56

分类	祠堂功能	祠堂改造	祠堂设施
推荐样式	进行祭祖活动	保留原始空间	保留祭祖设施
允许样式	村内举行文艺活动	修缮破坏空间	增加村内集会设施
不推荐样式	祠堂无人看管导致荒废	保护建设不力，导致空间不能利用	设施老旧失修

3. 连接空间

村庄内的街巷为村庄内最主要的连接空间,街巷与周边建筑的尺度关系应适宜,避免街巷过于狭窄。

街巷的功能已经不仅是最原始的交通功能,还具有商业和人居文化功能,可布置部分商业(如咖啡馆)作为街巷上放大的公共空间,也可在街巷上进行村民的日常活动,比如洗衣服、与街坊邻居聊天等(表 9-57)。

连接空间   表 9-57

分类	尺度	功能
推荐样式	街巷宽度与建筑高度比例较大	提供商业和交流空间
允许样式	街巷宽度与建筑高度比例适宜	为村民提供日常生活所需空间
不推荐样式	街巷宽度与建筑高度比例过小	街巷空间乱堆乱放

五、村居构件

（一）屋顶

在传统建筑集聚地区，建议采用多种类型的坡屋面，包括单坡、双坡或四坡屋顶等（表 9-58）。

建筑构件样式　　　　　　　　　　　　　表 9-58

分类	推荐样式	不推荐样式
建筑构件	 采用传统坡屋顶	 色彩过于丰富

建议屋顶檐口有一定出挑，形成建筑外部过渡空间，并满足屋檐下排水的功能需求。

建议适当融合传统建筑屋顶重檐形式，形成一定的建筑层次。

屋顶色彩建议使用低明度、低彩度的颜色，避免屋顶色彩过于明快鲜亮，与自然本底不协调（表 9-59）。

建筑构件屋顶的色彩协同样式　　　　　　　　表 9-59

分类	推荐样式	不推荐样式
建筑构件	 屋顶颜色与周边环境融合得当	 屋顶颜色彩度过高

屋顶大面积使用的主导色彩宜深，宜灰，不宜亮，避免与墙面色彩形成较明显的对比，并可结合浙江传统的白墙黑瓦、粉墙黛瓦等形式（表 9-60）。

建筑构件屋顶的色彩选择样式　　　　　　　　　表 9-60

分类	推荐样式	不推荐样式
建筑构件	 屋顶颜色呈深灰色，与墙面颜色对比鲜明	 屋顶颜色过于鲜艳

（二）墙

院落围墙建议采用低矮开放的形式，营造开放共享的氛围。

建筑墙面应避免采用单调、无特色的住宅风格形式，适当融入地方传统建筑要素，从而形成具有乡土特征的墙体形式。

墙面色彩宜采用低彩度、中高明度色彩，如灰白色、褐色系等，与传统建筑风貌相呼应。

多色砖混合式墙面，点缀色彩应注重色彩搭配，色彩种类不宜多于 2 种，且占总的色彩比例宜小于 20%，形成随机组合。

墙体材质不提倡大面积使用玻璃等强反光建筑材料，避免建筑呈现单调死板的风貌，在一定程度上宜使用木、竹、石头等当地建筑材料。

墙体材质鼓励在符合总体材料和色彩控制的原则下，利用多样的墙体材质，如横条石、竹木等，反映村落的多元性与丰富性（表 9-61）。

建筑构件墙体样式　　　　　　　　　表 9-61

分类	推荐样式	不推荐样式
建筑构件	 围墙采用低矮开放形式	 围墙过高，封闭隔离

续表

分类	推荐样式	不推荐样式
建筑构件	 墙面颜色与传统建筑风貌呼应	 墙面颜色彩度过高
	 墙面风格融入地方传统建筑要素	 墙面风格单调、无特色
	 多色砖混合颜色搭配得当	 多色砖混合样式过于繁杂
	 墙体材质融合 传统建筑风貌	 墙体材料应避免使用 反光建筑材料

续表

分类	推荐样式	不推荐样式
建筑构件	墙体材质融合得当	墙体颜色过于突兀

（三）门

不宜采用过于西式风格的门样式,建议采用反映乡村风格的门样式,如木格栅门、石窗花门等。

建筑入户大门不宜大面积使用不锈钢、金属等强反光建筑材料,避免在整体风貌中过于突兀,建议使用当地建筑材料,如木、竹等。

建筑入户大门不宜采用老旧的金属卷帘门,建议采用具有一定分隔并融合传统要素的门样式。

在保障住家安全前提下,不宜采用形式复杂的门样式,建议采用具有乡村建筑元素的门样式。

门上檐口不宜采用单调呆板的形式,宜在一定程度上融合传统建筑形式。

建筑入户大门不宜使用高彩度、高明度的颜色。

建筑门色彩应与墙面色彩相协调,避免色彩过于突兀。

在保障安全的前提下,建筑外门不宜大面积使用彩度高、反光强的玻璃材质,应结合其他建筑材料与建筑整体风貌相协调（表9-62）。

<table>
<tr><td colspan="3" align="center">建筑构件门样式　　　　　　　　　　　　　　表 9-62</td></tr>
</table>

分类	推荐样式	不推荐样式
建筑构件	 建议采用传统乡村风格的门	 不宜采用西式特色的门
	 宜采用符合传统建筑风格的门	 门的整体风格过于突兀
	 大门符合 传统建筑风格	 入户大门不宜采用 老旧且有质量隐患的卷帘门

218

分类	推荐样式	不推荐样式
建筑构件	入户大门符合当地建筑特色	入户大门样式过于复杂
	门上檐口形式融合传统建筑风格	门上檐口形式单调呆板
	入户大门色彩得当	建筑大门彩度过高

续表

分类	推荐样式	不推荐样式
建筑构件	建筑门色彩与墙面色彩协调	建筑门色彩过于突兀
	建筑外门与整体建筑风貌协调	建筑外门为反光材质

（四）窗

对于窗洞尺寸较大的建筑立面，应采用具有一定分隔窗框的样式，避免使用大面积反光玻璃材质。

不应采用反映西式风格的窗样式，其形式宜简约大方，以反映当地乡村风貌。

对于传统村落建筑集中的地区，建议窗形式融合传统建筑窗花样式，凸显地方特色。

建议建筑外窗采用透明或低彩度、不易反光的玻璃，避免色彩反光过强，色彩宜与环境相协调。

建议建筑外窗窗框也与玻璃、建筑外墙的色彩相协调，通过点缀与过渡，实现良好的构图效果。

应避免使用色彩艳丽的强反光材质玻璃，玻璃与窗框材质应反映乡村风貌。

在传统建筑改造中，应当避免使用与乡村风貌不协调的不锈钢金属等建筑材料，建议使用当地的建筑材料或反映乡土风貌的建筑材料（表9-63）。

建筑构件窗样式

表 9-63

分类	推荐样式	不推荐样式
建筑构件	窗户风格符合当地建筑风貌	避免使用大面积反光材质
	窗的样式宜采用简约大方的风格	不宜大规模采用西式风格的窗样式
	窗形式融合传统建筑窗花样式	窗形式过于突兀
	窗的形式与环境相协调	窗的材质不宜采用反光形式

续表

分类	推荐样式	不推荐样式
建筑构件	外窗与建筑风格协调	外窗窗框与建筑整体风格不符
	窗户玻璃能反映乡村风貌	窗户玻璃不宜采用反光材质
	采用符合乡土风情的建筑材料	窗户风格与乡村风貌不协调

（五）柱

柱、檩等重要建筑构件不宜贪大求洋，照抄西方，建议采用简洁大方的形式，反映地方本土风貌。

重要建筑构件应避免采用呆板单调的建筑构件样式，应通过与建筑一体化等手法，反映特色风貌。

重要建筑构件色彩应与建筑整体色彩相协调，不宜采用高彩度、高明度色彩。

宜采用中西杂糅的材质，如铝合金、不锈钢柱搭配瓷砖等，宜使用地方性建筑材料（表9-64）。

建筑构件柱样式　　　　　　　　　　　　表9-64

分类	推荐样式	不推荐样式
建筑构件	 建筑构件风格符合本土风貌	 建筑构件不宜采用西方风格样式
	 建筑构件形式能反映乡村特色风貌	 建筑构件形式呆板单一
	 建筑构件与建筑整体色彩协调	 建筑构件颜色突兀

续表

分类	推荐样式	不推荐样式
建筑构件	建筑构件宜采用地方性建筑材料	建筑构件中西风格杂糅

（六）装饰构件

装饰构件不应一味使用西式风格构件，可采用石材、竹木等材质组合的方式，反映本土建筑风貌。

装饰构件不应套用单调生硬的构件形式，可灵活采用地方图案与栅栏结合的方式，体现特色。

装饰构件色彩应注重与整体建筑色彩相协调，不宜使用过于艳丽、浓重的色彩。

装饰构件色彩作为整体建筑色彩中的点缀色，宜明度较高、彩度较高，但不应大面积使用。

装饰构件不宜使用具有强烈反光效果的建筑材料，如不锈钢、铝合金等（表9-65）。

建筑装饰构件样式　　　　　表9-65

分类	推荐样式	不推荐样式
建筑构件	装饰构件应反映本土建筑风貌	装饰构件不宜大面积采用西式风格

分类	推荐样式	不推荐样式
建筑构件	装饰构件形式采用乡土材质	装饰构件形式单调、乏味
	装饰构件色彩与整体风格协调	装饰构件色彩过于突兀
	装饰构件色彩使用得当	装饰构件色彩不宜整体明度过高

分类	推荐样式	不推荐样式
	装饰构件风格与整体相协调	装饰构件不宜采用反光效果的材料

六、门窗改造施工

（一）具体要点

在整体村落氛围控制下，建筑、院落所选用的门窗在造型、种类、颜色、材质等方面应当符合整体氛围，同时具有多样性特征。农房的门窗设计应符合日照、隔声、节能要求，水密性、气密性均不小于三级，隔声性外窗不小于30dB，门户不小于25dB，提倡采用中空玻璃和断热型材。面临走廊或凹口的窗，应避免视线干扰；向走廊开启的窗扇不应妨碍通行；儿童可触及部位应设置栏杆或使用安全玻璃。门窗材料应满足相关节能设计要求，框料宜选择断热铝合金、塑钢、实木等材料。应选择透明玻璃，并满足现行行业标准《建筑玻璃应用技术规程》JGJ 113-2015的要求。

（二）分类指引

1. 新建建筑

新建民居建筑门窗须满足通风和采光要求，反对为形式而影响使用功能的立面窗户设计。避免为了造型需要而设置不可开启的固定玻璃或不能开启的外格栅。门窗色彩应与立面相融合。靠近道路的入口大门及门头设计在满足人车进出使用的前提下应符合村庄氛围。用混凝土浇筑窗台板或者石材压口窗台板需做滴水处理，出挑30～50mm，并设倒角滴水和止水槽。门窗玻璃建议采用断热铝合金双层中空透明玻璃，严禁用镜面反射玻璃及幕墙。通过门窗过梁和窗台板的材质质感变化，营造立面的丰富性。

2. 改造建筑

一般改造建筑。对原有建筑门窗的改造主要体现通风及节能。门窗及构件颜色不宜选用色彩明度和亮度太高的材质,采用古朴的木质或仿木色材料,形式参照其原有的传统门窗。对墙体材质为毛石或者收边合一性不好的材质,合理处理门窗细节,以简洁为主,可采用窗框外设置黑钢装饰框并打胶的处理方法。要有浙派民居的风格,体现本乡本土,不求大求洋。

古建修复。坚持用相同或相近材料、工艺进行修缮,确保修旧如旧,严格控制水泥、混凝土等现代建材的使用(可在不影响建筑风貌的隐蔽工程中控制使用)。古建修复中不得使用铝合金门窗,不得随意安装金属防盗窗(确需安装的需在色调和式样上进行隐蔽处理,与风貌协调)。

(三)施工要求

1. 木门窗

全部采用木结构宫式和直条式或部分为葵式。木门窗的制作、安装有两点需要提及:由于门扇边梃甚厚,开启关闭时也同样会遇到实榻门等门边碰撞的情况,因此,应在制作时考虑分缝大小,并留出油漆地仗所占厚度;另外,由于木门窗关闭时是掩在槛框里口,而不附在槛框内侧,所以,上下左右都无须留掩缝,相反,扇与槛框之间要适当留出缝路,以便开关启合。

2. 塑钢门窗

色彩和材质要符合浙派民居风格。塑钢门窗的制作、安装有以下几点需要提及:房屋的主体结构需要经有关部门验收合格,当门窗采用预埋木砖与墙体连接时,墙体中应按设计要求埋置防腐木砖。对于加气混凝土墙,应预埋胶粘原木。同一类型门窗及相邻的上、下、左、右洞口应保持通线,洞口应横平竖直,洞口宽度和高度尺寸的允许偏差见表9-66。

洞口宽度或高度尺寸的允许偏差(mm) 表9-66

墙体表面	洞口宽度或高度		
	< 2400	2400 ~ 4800	> 4800
未抹灰墙面	± 10	± 15	± 20
已抹灰墙面	± 5	± 10	± 15

七、院落门头施工

院落门头是建筑的外延，也是美化环境的重要手段，以其本身的独特造型构成环境中的一景。

乡土风貌的门头尽量选用本土材料，如竹、木等，减少水泥、铝塑板、塑料等现代制品的使用。如没有特殊整村规划要求，尽量不要使用白色或艳丽色彩作为外饰油漆。

原有混凝土门头、柱子可结合围墙改造统一饰面材质。大门应减少铝板、镜面不锈钢等突兀材料的使用（表 9-67）。

院落门头施工　　　　　　　　　　　　　　　　表 9-67

| 院落门头 | 中式门头 | 欧式门头 |

八、通透围墙改造施工

（一）风格指引

围墙设计应充分尊重当地气候、环境、文化，不宜过于模仿城市小区、工业厂区等围墙形式；围墙饰面材料尽量使用当地乡土材料，不宜一味追求"新、贵、艳"；宜在统一风格、统一材质的前提下，提供多种围墙款式，结合主体建筑风格、环境情况以及村民意愿布置，不宜一个区块围墙为同一个款式，要避免千篇一律。

（二）尺度控制

栏杆下矮墙部分不宜高于 0.6m。墙墩之间间距不宜大于 3.5m；围墙实体部分不宜超过立面面积的 40%，透空部分（含栏杆）应大于 60%，栏杆之间边距不宜小于 10cm；不设栏杆的矮围墙，高度不宜大于 0.6m。

围墙砌砖体工程应注意砌砖体的水平灰缝厚度和竖向灰缝宽度宜为 10mm，但不应小于8mm，也不应大于12mm。砌筑模式有五种，包括全顺、两平一顺、一顺一丁、梅花、三顺一丁，其中一顺一丁比较常用。

（三）特别事项

在原实体围墙上开设洞口，一般不认作通透式围墙；原场地未设置围墙的，原则上不新增围墙；引导村民建设开敞式庭院，或用绿篱隔断，或用矮墙隔断；对设置围墙后，影响交通安全的，要严格禁止建设。

浙江省天台县街头镇的后岸村，结合天台地域风貌与乡土特色，通过差异自建的设施营造之术，提出了后岸范式的美丽村居方案，在村庄特色化风貌营建方面积累了经验。一是借助原型衍化和大同小异的手法对建筑形态的打造。大同小异的手法是通过其变异和组合，寻求均质建造基础上大同之下的小异和微变，同质的差异性复制，既避免了千屋一面的单调，也防止一屋一样式过度设计的出现。正是基本单元及其变异，使得在复制生长过程中差异性的出现成为可能，形成形制统一而丰富多变的村庄建筑形态。二是挖掘传统技艺精华，推广地方材料。后岸村向"没有建筑师的设施"学习，充分尊重原生环境，强调乡土材料运用于建筑及环境景观小品中。后岸村的整治设计大量使用了石、竹、木、草等，取得了很好的效果。充分考虑现代化农业生产和农民生活习惯的要求，做到经济实用、就地取材、错落有致、美观大方，既富有时代气息，又与环境有机协调，编制具有浙江省不同地域特色、农民能够接受采用的村居建筑通用图集，挖掘、梳理浙江民居特色，探索形成"浙派民居"新范式（图9-1～图9-3）。

图9-1 古街改造——捣年糕节点整治前

图9-2 古街改造——捣年糕节点整治后

图9-3 地方性材料策略——石

九、乡村地域风貌塑造负面清单与建议措施汇总

乡村地域风貌塑造负面清单与建议措施如表 9-68 所示。

乡村地域风貌塑造负面清单与建议措施　　　　　　表 9-68

大类	中类	小类	存在问题	禁止、限制性规定	建议和措施引导
自然要素	山水格局		1. 绿化形式过于现代化，绿化景观植入了过多现代元素； 2. 广场、停车场地面硬化过多，缺少绿植搭配； 3. 街巷两侧的庭院布置杂乱，缺少绿化； 4. 宅前屋后的小片空地没有充分利用，环境较差	1. 核心区内严禁种植外国、热带等与当地原生植物差异明显的植物；村内不得大面积种植外来名贵树木、人工草皮等； 2. 宅前屋后的小片空地和庭院不应荒废或搁置杂物； 3. 绿化环境的营造不宜使用假山、假花、假草等与自然特质不符的现代装饰物；绿池、绿带修建不宜使用水泥、花岗石、大理石等与村落风貌不符的现代材料； 4. 村落小品建设不宜无中生有、生搬硬套，不宜修建与村庄主题不符的小品	1. 村落绿化应考虑本地地形、地貌与传统习惯，选用本地绿植，并注重各个树种之间的合理搭配，可用规整菜地替代绿地和花坛。绿池、绿带的修建应使用本地材料； 2. 村落小品的设计应围绕村落主题文化，与传统风貌相符； 3. 宅前屋后的小片空地和庭院可种植本地灌木和花草，并布置一定的休闲桌椅，提升村落整体环境
人工要素	建筑风貌	空间形态、格局、肌理	在部分村庄内，新建地块的建筑布局和道路走向过于整齐划一，与核心区整体风貌不符	1. 严禁拆除核心区内历史建筑，严禁在核心区内新建、翻建现代建筑； 2. 严禁改变核心区内街道的尺度和走向； 3. 严禁破坏传统村落空间肌理	1. 协调区和新建区的建筑排布方式应与核心区保持协调统一； 2. 道路布局和走向不应过于整齐划一，应符合传统村落风貌特征
		建筑形态、色彩、高度	1. 简单的历史元素拼凑造成"四不像"建筑； 2. 核心区内新建现代建筑与原有建筑风貌极不协调； 3. 协调区建筑形式与核心区差异过大，缺乏过渡协调	1. 核心区内严禁新建各类建筑； 2. 核心区内历史建筑的修缮严禁采用与原色彩不同的材质，墙体不得大面积刷白漆，不得在屋顶瓦片刷黑漆或使用高亮彩琉璃瓦，不得在墙面上使用瓷砖等现代建材； 3. 协调区内严禁建设与传统风貌冲突的现代建筑	1. 核心区内历史建筑原则上只做修缮或维护，修缮和维护时应保持原有形式，采用原有材料； 2. 协调区应严格控制新建、翻建建筑，新建、翻建建筑时建筑的形态、色彩、高度应与核心区建筑相协调；注重本地传统建筑外形、色彩、图形等元素的提炼，在建设时运用到建筑风貌协调中； 3. 注重天际线的营造，保护屋面的传统风貌，移除核心区内屋顶上的太阳能等影响传统风貌的设备设施；屋顶应统一采用传统土瓦，协调区的屋顶颜色应与核心区一致，材料上适当灵活，允许使用黑色亚光琉璃瓦等

续表

大类	中类	小类	存在问题	禁止、限制性规定	建议和措施引导
人工要素	建筑风貌	建筑立面	1. 立面修复简单刷白，用水泥、瓷砖等现代建筑材料修复、损坏蕴含历史信息的标识、彩绘等； 2. 历史建筑屋面修复使用不符合传统风貌的亮光琉璃瓦，或简单地刷黑漆处理	1. 历史建筑的外墙面修缮严禁简单刷白或使用大理石、花岗石、瓷砖等现代建筑材料，严禁擅自改变原有材质或颜色，严禁破坏具有历史痕迹的标语、墙绘等； 2. 历史建筑外墙受损需修补的，不得用现代材料工艺直接进行修复； 3. 历史建筑屋面修缮严禁做简单的刷黑漆处理，严禁使用不符合当地特色的亮色琉璃瓦等材质	1. 历史建筑墙面如现状没有破损，或者小面积破损，宜维持现状，不破坏墙体原粉刷。墙体大面积脱落或者大面积破损时，粉刷应使用原工艺、原材料修复或清理后用白石灰、纸筋灰等传统外墙涂料涂刷。新刷颜色应与墙体现状颜色保持统一； 2. 历史建筑屋面应进行定期检查、保养、翻修，修缮屋面应尽量使用原材料
		建筑工艺和结构	1. 修复历史传统建筑时，原有建筑细部构件（石雕、木雕、槅扇等）遭到破坏； 2. 新安装建筑构件工艺较差，与原有构件在样式、颜色和尺寸上的不符； 3. 历史建筑上使用铝合金或不符合传统风貌的门窗	1. 修缮历史建筑时不得使用铝合金门窗，不得随意安装金属防盗窗（确需安装的需在色调和式样上进行隐蔽处理，与风貌协调）； 2. 历史建筑的重要构件在修复中严禁用混凝土构件代替木材、石材构件； 3. 严禁任意更换、拆除原有的梁、柱、石雕、木雕和槅扇等构件； 4. 墙面、地面铺设不得使用大理石、花岗石、瓷砖等现代建筑材料；不得用水泥硬化天井、廊道、堂屋地面	1. 历史建筑门窗的修复应符合当地传统特色，已安装的铝合金或者不符合传统风貌的门窗应拆除并按原样式修复，原门窗已缺失的应尽量补配； 2. 建筑对风貌影响轻微的可根据原样式适当简化窗户，简化后的门窗不能破坏建筑立面格局和整体风貌；应采用木门窗或仿木门窗，门窗颜色要与整体立面和谐，避免出现较亮色彩；确需设置防盗设施的，应将其设在门窗内侧并选择隐蔽式或者槅扇式的形式，尽量减少对建筑立面和风貌的影响； 3. 历史建筑的修缮应保证不破坏其原貌，应由当地有经验的木工、石匠等手艺人进行修复；应用相同或相近材料工艺进行修缮，确保修旧如旧，严格控制水泥、混凝土等现代建材的使用（可在不影响建筑风貌的隐蔽工程中控制使用）

续表

大类	中类	小类	存在问题	禁止、限制性规定	建议和措施引导
建筑风貌		建筑附属设施	1. 历史建筑上随意安装空调外机、太阳能热水器和粗陋的烟囱等设施；2. 历史建筑内部布置现代风格的照明设施、电扇、空调内挂机等设施	1. 核心区和协调区内不得随意安装太阳能、水塔等设施设备，安装的空调外机必须采取遮蔽措施；不得存在阳光房彩钢棚等设施；2. 历史建筑上不宜铺设亮白色的塑料管线，如确需采用，则应设置在墙角等不显眼的位置或进行隐蔽处理	1. 历史建筑上安装的照明设施、消防设备、电扇和空调挂机等设施必须采取隐蔽处理；2. 历史建筑上铺设的管线应尽量归并整齐，并进行隐蔽处理，应与建筑色彩相协调
人工要素	场所风貌	街巷、广场空间	1. 修复历史街巷时采用水泥硬化、铺设鹅卵石，用条石甚至大理石替换原来的石块或青石板；2. 广场、停车场地面使用现代的水泥和瓷砖等材料，大面积硬地铺装，破坏景观；3. 休闲座椅和护栏等设施，采用不符合当地风貌的大理石、花岗石等材质；4. 现代风格的居民健身器材位置过于明显，与村落风貌不协调	1. 街巷的改造和修复，严禁贪大求洋，严禁破坏原有构造和材质构成，严禁大面积使用水泥瓷砖等现代材料；2. 广场、停车场和休闲场地的修建严禁采用简单的水泥硬化，或使用不符合当地特色的其他材质；3. 休闲座椅和护栏等设施，严禁采用不符合当地特色的材质；4. 居民健身器材不宜放置在村口处和村落主要路线上	1. 修复历史街巷应兼顾恢复原状和生活方便，合理安排修复方案；应按原有材料、原有工艺进行修复，保持历史街巷的原汁原味；2. 应结合景观绿化修建生态停车场，采用透水性地面，既满足停车需求，也符合村落自然特征；3. 休闲座椅和休闲设施的修建应采用当地的传统形式和传统材料，居民健身器材应布置在协调区或者不明显的位置
		环卫设施	1. 现代化的环卫设施与传统村貌不符；2. 部分村落临街旱厕没有改造拆除；3. 建筑垃圾随意乱扔，缺乏统一管理和整治	1. 核心区内严禁保留路边破旧的旱厕，公厕建设不宜采用现代房屋形式；2. 核心区内不宜布置水泥、金属等制作的与村落风貌不符的垃圾桶、垃圾收集池；3. 垃圾收集点不宜布置在广场、街巷上过于显眼的位置	1. 核心区的公厕建设，其形式、用材、色彩应与村落传统建筑相符；公厕环境应派专人维护，采取责任制，制定公厕分时负责人表单，并贴于公厕墙面上；2. 核心区内应使用颜色不鲜艳的木质垃圾桶、垃圾收集池等垃圾收集设施；可设置专门的垃圾收集房，其样式应与村落风貌相符

大类	中类	小类	存在问题	禁止、限制性规定	建议和措施引导
人工要素	场所风貌	古桥、古井等	古桥、古井的修复不符合原有形式，没有采用原有材料	1. 古桥、古井等古遗存已被认定为文物保护单位的，未经文物部门同意，不得开展修复； 2. 古桥、古井等古遗存的修复，不得破坏原有文化意义和历史价值，不得使用钢材、水泥、花岗石等现代材质	古井、古桥等古遗存的修复应以恢复原状为主，要采用原材料、原工艺，并注重周边环境的保护和协调
		环境小品	一些标志、标牌、宣传栏的样式突兀，缺乏精致，与村落传统风貌不符	1. 核心区内严禁布置与传统村落风貌不符的铁质或塑料标志、标牌、宣传栏； 2. 核心区内不得随意设置广告，如确需要的，应控制其形式、色彩，并经相关部门的审批； 3. 村落入口处不宜采用千篇一律的置石或景墙作为村落入口标识； 4. 核心区内不得在墙面上进行大面积与传统风貌不协调的彩绘	1. 传统村落内的标志、标识、宣传栏、广告牌等应经过专业团队的设计，要求精致、美观，与传统风貌相协调； 2. 传统村落内的广告牌设置应经过相关部门的审批，其样式应与村落风貌相协调； 3. 入口标识应请专业人士设计，体现地域特色，防止千篇一律
		基础设施	1. 电线杆和架空线布置混乱，各类表箱随意布置在建筑表面； 2. 给水排水管线裸露在地表，检查井盖的样式过于现代化； 3. 灯具、电杆等地表物件与传统风貌不协调	1. 核心区给水管线严禁毫无遮挡的裸露在地表，不得随意布置现代化气息明显的各类线杆等； 2. 建筑墙面上的电线、表箱、线管不宜乱拉乱布； 3. 历史建筑内不得新增用火设施，不得填埋、拆除、减少原有池塘、水缸、石池等传统消防设施	1. 传统村落内架空线都应做一定的整理和隐蔽处理，电杆、检查井盖等样式应与村落传统风貌相协调，有条件的可考虑架空线入地处理； 2. 依附在建筑上的电线、表箱、线管等应整理简化，沿墙面边缘布置，可用与墙面材质样式相符的管材进行包裹，做一定的隐蔽处理； 3. 给水排水管线应尽量地埋，确难入地的，其管材、外包层颜色应与周边环境相协调，检查井盖等应用与道路铺设材料相一致的材料制成

续表

大类	中类	小类	存在问题	禁止、限制性规定	建议和措施引导
人工要素	场所风貌	照明亮化设施	采用现代风格或欧式风格的路灯破坏村落传统氛围	核心区内严禁采用欧式风格和现代风格的路灯，严禁选用多彩灯具	核心区内路灯的外形、色彩要与村落风貌相协调。灯光应以暖黄色为主，避免使用亮白色

第四节　乡村绿化指南

一、总体要求

乡村绿化要满足本地村民使用要求，符合乡村生产、生活和生态保护实际，以优化村庄人居环境，实现美丽乡村为目标。

二、乡村生态绿化

乡村周边的自然山水林田湖等原生环境，应尽可能保留原有的地形地貌与立地植被，在尊重自然的前提下，对于人类可进入的有限范围进行谨慎的微改造提升。生态绿地应当禁止或限制开发建设。

对于需要生态恢复的火烧迹地、采伐迹地等大面积绿化，可根据当地植被的主要植物群落构成情况配比相应的林木种子，考虑进行飞机播撒，结合地形与防火区域设计的森林防火带则可用小苗进行人工种植。

三、乡村生产绿化

生产绿地以满足农作物、果蔬等种植为前提，做好田间管理与作物轮作工作，提倡使用有机肥，尽量少用农药化肥。

大面积种植单一作物的生产绿地,应当注意土壤肥力的及时补充。

防护型生产绿地应根据相关的规范要求进行绿化与管理。

坡度较大的生产绿地,在进行绿化种植时要注意自然安息角,必要时当加砌驳坎。

四、乡村生活绿化

乡村生活绿地主要包括公共绿地与庭院绿地。

公共绿地要以乡村环境为基调,满足乡村环境美化、村民休闲休憩等功能。公共绿地应以绿化为主,尽量避免过度城市化,避免大广场。尽量选用乡土树种与本土材料,可以考虑废弃物的再利用。

私人庭院绿地推荐养花种菜相结合,鼓励发展可食地景与一米菜园(表9-69)。

乡村绿化形式 表9-69

分类	内容	示意图
乡村生态绿化	对村庄及周边山体、森林、湿地、水体、植被、农田、沿海滩涂等自然资源,进行环境保护、生态保育和修复	
乡村生产绿化	对农田、旱地做好田间生产与管理	

续表

分类	内容	示意图
乡村生活绿化	村居绿化以乡土树种、小苗栽植为主	

五、乡村边地绿化

乡村边地绿化主要是指村口、村旁、宅旁、路旁与水边的绿化。

（一）村口绿化

村口绿化节点应自然、亲切、宜人，并能体现地方特色与标识性。可通过植物造景、小品配置、活动场地与建构筑物标识等手段来进行空间营造，以突出景观效果。

（二）村旁绿化

村庄现状建成区外部、村庄与自然山水环境、村庄与村庄、村庄与城镇之间的绿化应结合现状实际情况，本着生态优先、突出乡土特征的原则，进行整体提升，优化绿化结构，推进村景融合，打造村落型景观。

（三）宅旁绿化

宅前屋后的绿化要注意避免大乔木、大灌木影响邻里采光、通风的情况发生。可以选用落叶植物、草本植物进行绿化、美化（表9-70）。

宅旁绿化 表 9-70

分类	推荐样式	不推荐样式
宅旁绿化样式	自然优美	照搬城市绿化

（四）路旁绿化

路旁绿化应当区分村际道路与村内道路。

1. 村际道路绿化

要根据道路等级、性质、周边环境条件以及所在区域等情况，因地制宜开展绿化工作。应优先使用乡土树种，并满足各级道路的使用要求。原有道路的绿化应整理利用并适当加植，提升实用性和观赏性。乡村道路不宜照搬城市道路绿化手法，而应注重树种的易得性和树种搭配的乡野感，不滥用灌木和草坪。

若是道路等级不高，而道路周边的本底自然环境优美，则应尽量避免人为遮挡风景、画蛇添足。

2. 村内道路绿化

村内道路两侧绿化应根据路边的用地空间情况来选择植物类型。道路绿化提倡自然、融合环境，尽量减少行列式、模纹式及大色块等种植形式的出现。对于村内窄小、用地不足的道路边，当鼓励村民种植草花甚至果蔬等体现乡村风貌。

村内道路绿化中不推荐使用需定期整形修剪的绿篱及球状造型灌木。

（五）水边绿化

水体的坡岸应以生态驳岸形式为主，尽量采用自然斜坡形式，因功能需要采用硬质驳岸时，在断面形式上当尽量避免直立式驳岸（表 9-71）。

水边绿化
表 9-71

分类	推荐样式	不推荐样式
水边绿化	 自然型水岸	 硬化滨水岸线

乡村水体周边的植物较丰富，对现有植物群落应当保留并适当梳理以提升河岸绿化水平。确保水体洁净。水库、河道、沟渠等主要水体的绿化以水源涵养林和防护林为主，兼顾其景观性和经济性；其他河汊、池塘、水洼等水体可根据立地情况选择不同耐淹能力的挺水植物、湿生植物，营造自然式滨水植物景观。

（六）乡村古树名木

古树名木的保护（表 9-72），除了标准要求之外，要注意以下几点。

（1）根据古树名木的级别，建立档案、标志，进行重点保护。严禁砍伐与擅自迁移古树名木。

（2）古树名木根据树冠投影外 5m 或胸径的 20 倍范围进行保护，并保护其原有的竖向标高。若保护范围外有竖向改造，应保证古树名木属地的排水畅通，无积水现象。

（3）对古树名木生长不利的周边环境，应当进行整改。避免割裂古树名木的原生自然环境。限制古树名木周边新建建构筑物的高度、体量、色彩等，对原有建筑的不协调之处应当进行整治。

（4）对腐烂部分及时清理，并做好病虫害防治。若有衰弱现象，应当做好复壮措施。

（5）做好防雷及防倒伏工作。

（6）拒绝光污染与负重。

古树名木	表 9-72
分类	示意图
古树 名木	

六、乡村美丽田园

乡村的美丽田园包括农田、茶园、果园、花海、牧场等，以农业生产和农事活动为基础，能够较好体现农业生产条件、景色景观、旅游便利、文化价值等方面优势。美丽田园不能违规占用基本农田。

（一）视觉美丽

具有一定的田地规模，连片集中，一般农田 500 亩以上、茶园 1000 亩以上、果园 500 亩以上；田间道路沟渠完整，生产设施及管理用房简洁整齐，作物布局合理、规整，各类杆线不杂乱；环境景色优美，特色明显，观赏时间较长。牧场一般要求是已被评为美丽牧场的休闲牧场（表 9-73）。

视觉美丽样式	表 9-73
视觉 美丽	

（二）体验美妙

道路交通便利；周边有采摘游等休闲活动，有美丽乡村、景区村庄、民宿或农家乐等旅游资源。与休闲农业和乡村旅游精品线路相结合的优先考虑（表9-74）。

美丽田园　　　　　　　　　　　　　　　　　　　　　表9-74

分类	美丽田园		
推荐样式	美化田园乡村		
允许样式	正常耕作田园		
不推荐样式	不推荐荒田搁置		

第十章

浙江乡村『道术融合』的建议

第一节　浙江乡村内生发展之术

　　在浙江省《全面实施乡村振兴战略　高水平推进农业农村现代化行动计划（2018—2022年）》，"五万工程"与《浙江省高水平推进农村人居环境提升三年行动方案（2018—2020年）》（浙政办发〔2018〕23号）"五大工程"的基础上，进一步提炼支撑三种内生之道的四种要素集聚，即"差异自建"的设施营造、"适土活化"的风貌营造、"在地点穴"的场所营造、"生活归宿"的社区营造，实现乡村生活回归、生产回归与精神回归。

一、最小干预的自然营造之术

　　突出"尊重道法＋融入自然"的导向，在自然环境保护、景观环境塑造与建成环境塑造中，广泛应用非城市化、非园林化的乡土低碳生态技术。在自然保护中不挖山填水，不砍伐森林，不焚烧田坎，不刻意造湖，不筑堤挖沙，不任意裁弯取直，烧烤、攀岩、路演等户外活动也应注重区位选择与事后恢复；在景观环境塑造中，风景道设计应尽量不动道路格局，不破坏绿带花草，不建大草坪，乡土树种、乡土材料应差异化、多样化使用，景观种植应符合当地作物播种形式与地形地貌；在建成环境塑造中以冬暖夏凉的"四季一所"房子为导向，合理选择加设架空层、透气地面材料、通透户型、垂竹帘、竹草屋顶、深出檐、下凹绿地等低碳技术（图10-1）。

图10-1　最小干预的自然营造之术示意图

二、差异自建的设施营造之术

突出"低技自建与差异复制"的导向，在设施配建与更新中，推广传统建造技艺与传统夯土工艺。向"没有建筑师的设施"学习，挖掘地方色彩、地方砖墙、夯土等传统技艺精华，推广溪滩石、竹片树池、木门头、蛮石等地方材料，引入传统建筑工匠，避免建设乡村难以承受的过大规模、过高难度的设施，地下管道修缮应注重地上建筑加固，争取打造"从地里长出来"的活动室、剧场、公厕、小品等设施。向"没有同质化的设施"学习，采用差异化复制的大同小异手法，在均质建造的基础上，通过变异和组合寻求"大同"之下的小异和微变，避免千屋一面的单调设计，也防止一屋一样式的过度设计（图10-2）。

图10-2 差异自建的设施营造之术示意图

村庄改造诉求平衡

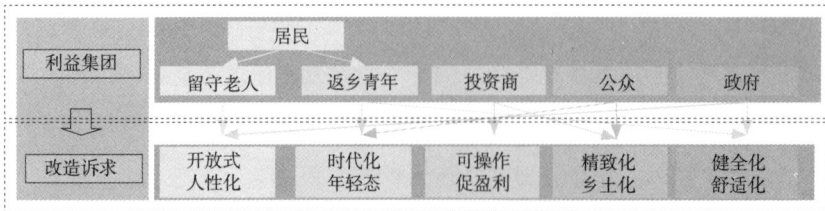

村庄功能业态诉求平衡

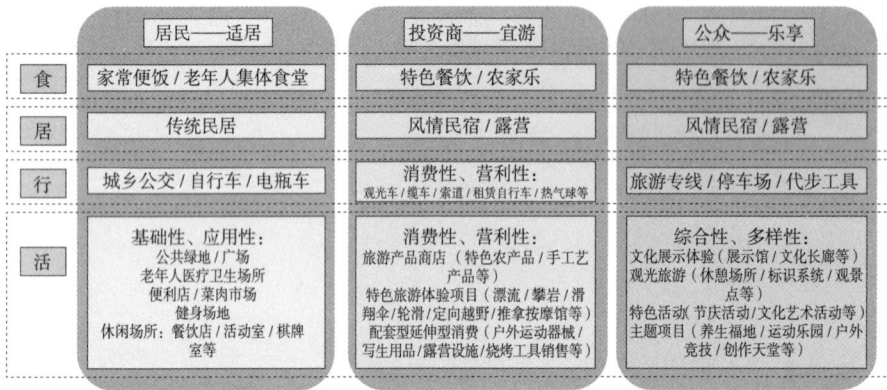

图 10-3　因需造势的业态营造之术示意图

三、因需造势的业态营造之术

突出"因需定供 + 运营造势"的导向，针对有无需求两种情景，吸引传统农业生产与现代文旅产业的回归（图 10-3）。在多方有一定需求的情境下，应平衡留守老人"开放环境、人性设施"、返乡青年"时代化、年轻态"、投资商"可操作、促盈利"、游客"乡土体验、精致享受"、政府"振兴乡村、带动产业"等多方诉求，找到"适居、宜游、乐游"的乡村美丽经济增长点，引入编剧、运动、医养、文创等业态后招商"从有到优"，并反馈到景观化农业耕种模式、差异化民宿商业模式上，避免业态活力不足或过度商业化；在多方没有需求的情境下，则通过产权创新与平台运营直接招商造势"无中生有"，如村民可个体经营农家乐、餐饮、茶室等，邻里可联合共营广场等，合作社可经营农产品加工、青年旅社、旅游接待中心等，未来专业团队可经营民宿、隐舍等。

四、活态定桩的文态营造之术

突出"文化定桩 + 活态传承"的导向，利用抢救式挖掘与活态化传承手法，在乡村文化之器上探寻传统与现代交融之道（图 10-4）。既要抢救式挖掘传统乡土、生态、宗族、乡绅、耕读、宗教等文化内涵，实现乡土文化"定桩"，引导"能人精神"回归；也要活态化传承现代节庆、会展、博览、网络等风俗外延，通过母题化公共艺术对话集体记忆，利用 AR、云厅等现代方式全景化展示古桥、古树、古塘、古井、古建，塑造"天一人一建合一"的新型乡村文化。

图 10-4　活态定桩的文态营造之术示意图

五、适土活化的风貌营造之术

突出"传统与现代交融"的导向，采用适土化与活化手法，营造乡土化的整体风貌。一方面，用低影响的适土化手法，保护建筑传统肌理与生活方式；另一方面，用活化的手法，从人的现代需求出发，满足迁入迁出、改造撤并、老少、新旧、大小家庭等多元变化，形成"真正活着的乡村"。这就要求在风貌营造中，既要保护石板、卵石、弯石窄巷等道路肌理，不用水泥抹平石板、花岗石等；也要保护砖瓦、石槽、石臼、农家用具等公共空间铺装，留出空间但不限定功能，不建大雕塑、大亭子、大门楼、大牌坊、欧式亭等；更要保护宅基地形态，建筑尊重黄土墙、泥木屋顶、青瓦房等要素，不贪大求洋，立面不过度使用铝门窗和混凝土涂墙，墙体不到处用马头墙和墙绘。

六、在地点穴的场所营造之术

突出"场所精神复原"的导向，点中关键"穴位"，综合使用"在地化"手法。在生产、生活、交流、信仰、道德、商业等空间中，选出玄关——村口迎客广场、客厅——揽胜平台、家庭活动室——明堂广场与宗祠等关键"穴位"，采用公共环境艺术、解构重构、植入再生、材质新老对比等当代在地化手法，赋予传统场所活化功能，使之富有现代业态活力，营造"有品质的空间场所"。

七、生活归宿的社区营造之术

突出"生活 +"的导向，利用乡土化生活营造手法，让游客体验家庭社区的氛围，让村民回归主导的地位（图 10-5）。通过建筑排布、景观塑造、设施完善、业态培育等"乡土家庭式"生活场景还原，配套洗衣、体检、"乡村生活家"APP等服务，优化环境质量，营造乡村社区归属感，回归乡土化生活方式、养生方式与养老方式。

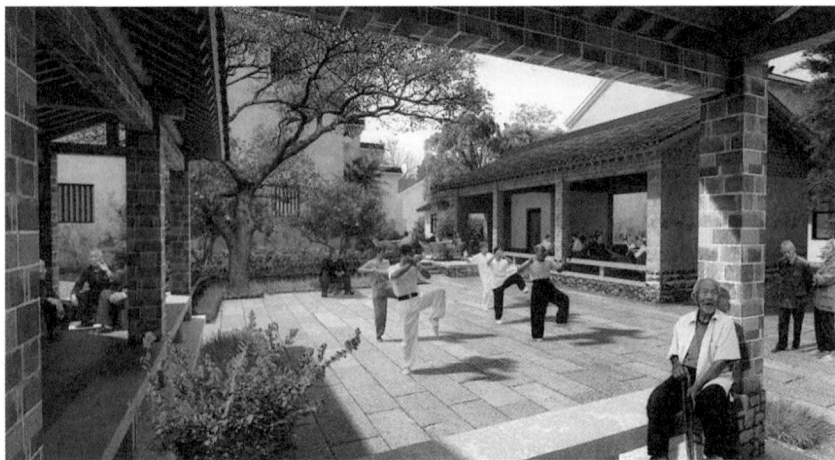

图 10-5　生活归宿的社区营造之术示意图

第二节　浙江和美乡村未来的发展趋势

　　"大城市热"与"村庄热"持续变迁的背后,是城乡势能与动能的相互转化,城市势能犹如水库蓄容,流向哪片乡村洼地,取决于交易成本是否足够低,空间与要素是否契合决定了交易成本高低,交易成本变化能助推城乡要素相对价格变化,进而形成"要素与空间契合—交易成本降低—城乡要素相对价格降低—吸引更多要素与现有空间契合"的循环,因此"一个人村庄"的背后是空间供给与要素需求的偏离。

　　乡村振兴不仅仅是让城市人"看着舒服",也不仅仅是让农村人"住得舒服",而是要振兴农民草根的能人创新精神,振兴农村传统的生活营造方式,振兴农业活力的内生增长体制。

　　本书分析也表明,乡村"道术分离"背后的多样性"供给不足"决定了,浙江美丽乡村需要探索多元化的内生造血路径,有必要顺应中国"和"的传统,如农业生产讲求得时之和、适地之宜,农村生活讲求人心和善、以和为贵,村落民居讲求顺应山水、和于四时,提出适合浙江乡村禀赋的宜居宜业和美乡村内生发展之道与要素集聚之术,让乡村更像乡村,让乡村比城市更美丽,让乡村比城市更宜居,最终实现"术以载道、道以载术"的"城乡大同"。

　　为此,需重构乡村振兴规划设计体系与乡建营造体系,实现乡村品质营造协调,拓展乡村建设的内涵和目标,放大原生态乡村魅力,致力留住乡风乡韵乡愁,要体现出乡村内在的和谐、内在的美,提升村民的幸福感、满足感、获得感,最终迈向"产业兴旺、生态宜居、乡风文明、治理有效、生活富裕"。

第三节　浙江乡村"道术融合"的建议

一、重构"1+4+X"的乡村振兴规划设计体系

　　"1"即特色定制的乡村振兴战略性规划。根据乡村特色选择适合的内生发展之道,围绕特色仅纵向设计所需的产业、空间、定位等重大要素之器,删减横向模式

化内容。

"4"即精简衔接的"村庄布点规划—村庄规划—村庄设计—村居设计"四位一体的实施性村庄规划设计体系。删除上下位规划的重复内容，强化规划战略控制与设计战术引导衔接，其中村庄布点规划应强化与县域乡村建设规划内容整合，明确村庄撤、改、迁等举措；村庄规划在村域层面应强化多规衔接，划定村庄建设边界，在居民点层面应控制村庄建设用地兼容性与强制性的合理区间，既满足民宿、田园综合体等新载体发展，又抑制圈地冲动，并细分扩展性技术文件与基础性公示文件；村庄设计应强化村居外空间形态、结构、节点、界面公共环境设计，用乡土手法实现传统风貌与现代功能的统一，并简化为通俗的建设操作手册；村居设计应突出图则通用性与设计当代性，指导下一层次农房设计与危旧房改造。

"X"即特色选择、村民需求、实施运营等专题。其中特色选择专题重点分析村庄某类特色在更大区域的能级、可承担的细分职能等，村民需求专题重点挖掘多元主体需求、在地活化潜力等，实施运营专题重点分析客群定位、业态导入、合作平台、项目活动策划等（图10-6）。

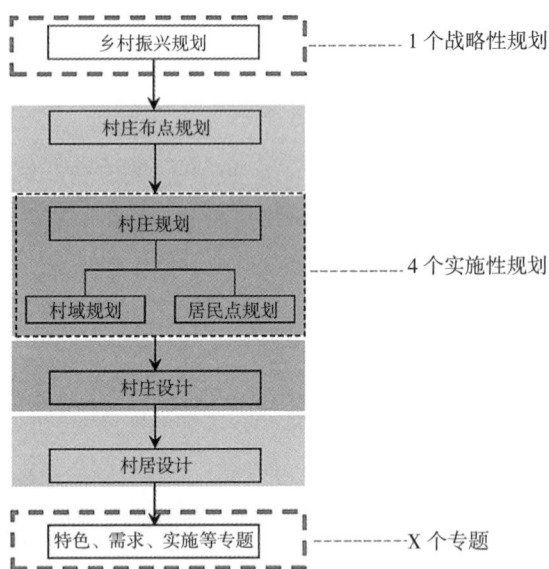

图10-6 "1+4+X"乡村振兴规划设计体系

二、创新"1+3"的"村民＋政府＋资本＋设计师"村民主导乡村营造模式

继续推进驻镇规划师、驻村设计师、传统工匠登记注册等制度，引导以村民为主导的多元主体参与社区营造全过程，最终让村民变回乡村主人，让乡村发展回到乡村本源，让原乡人、归乡人、新乡人各得其所。

继续推进组织制度建设，创新村社自治组织、村民合作社、社会资本植入等社会治理模式，以及户籍、土地、房屋产权置换、金融等政策与制度。

如浙江省新昌县棠村的村民就深度参与农业振兴与村庄建设，与丰岛农业等龙头企业合作，推进菊花等本地特色产业发展。一是妙笔生花，针对30cm柱距、喜光、忌涝等生境偏好，提炼防灾等3大类15小类因子，探索适合菊花生长的农业区位；二是"景"上添花，融合大地景观分类设置绿道宽度，定制赏花十二时辰，建立匹配人流的民宿、花箱等布点正负面空间2张清单，创新商业服务业用地3类弹性管控，即定空间不定用途、定空间不定时序、定指标不定空间；三是移花接木，打造了多个村的乡村集群，减少集群外围单个村设施重复，提升集群中心设施等级，让单个村庄丰收的硕果遍及周边。

三、引导乡村生产、生活、精神的回归

（一）生产方式回归——传统耕种农业与新兴"互联网＋农业"并重，降低产业集聚成本

加快传统耕种农业提效。因地制宜探索个体经营、邻里联合共营、农村合作社集体经营、村委会成立公司集中管理、村集体＋户主股份合作、全民房产评分入股、社会资本团队经营等多种产业运作模式，挖掘规模化农田整理与企业化运营盘活价值潜力，在村庄布点与置换流转中尊重村民就近耕作、宗族联系的意愿，适度保留"水—村—田"格局。

培育新兴"互联网＋农业"。找准现代产业与内聚性传统村落禀赋的契合点，按照"农科旅一体、农超电对接"的思路，发展市郊众筹式耕种、循环化农业、景观化活动、高山健康化农业、平原庄园化农事体验、品类式民宿、科普式体验旅游、影视化定制化运作等"互联网＋农业"新业态，创新农作物间作方式与生产空间用地方式，减少游客对村民的影响，降低劳动力、资金、产业等要素的集聚成本。

（二）生活方式回归——大家庭与小家庭规划建设管理并重，降低社群集聚成本

明确以村民为主体，兼顾游客需求的"客随主便"本位，营造"见人、见屋、见生活"的大小家庭兼容式生活氛围与空间场所。突出"人、屋、生活"完整性、

原真性、活体性保护，"大家庭"以公共联系空间打造与可变式户型设计为主，"小家庭"以改善老房设施环境、建设候鸟式养老新居为主，针对大小家庭中不同收入、不同常住地的多元社群，提出宅基地入股分红、新建住宅、原址翻建、老建筑改造等建房策略，在宅基地利益分享上引入村居合建、农房租赁、村集体统一经营、集体经营性土地出让等实施路径。

推广"看得懂、听得懂、写得少、画得多、落得地、管得住"的规划建设手册。推进"高大全"的村庄规划转向"小精实"的实用性村庄规划，探索"多规合一"一张图划区定界，加强空间管控刚性，健全村民参与规划、一事一议、驻镇规划师、驻村设计师、乡建指导小组等机制。

引导村落空间建设从示范区塑造转向本地化引导。提炼"浙派民居"空间与建筑特色延续的通则并纳入规划中，如整体博览馆建设、村落选址、公共空间与人居空间优化、节点空间场所精神延续与现代需求引入、乡土材料使用等。

（三）文化精神回归——原真性刚性保护与实质性活态利用并重，降低文化集聚成本

加强传统村落文化"双遗产"原真性刚性保护。按照"活态传承、最小干预、抢救保护"的原则，建立镇村两级传统村落保护小组，推进列入名录的传统村落挂牌保护，加快未列入名录、有条件的村庄申报，形成"国家—省—市—县"四级传统村落保护体系。强化村落宗祠等物质场所开发管制，强化古朴历史元素保护而避免涂脂抹粉式改造，出台传统建筑修缮修复技术导则，建立历史建筑"一房一档一图则"。注重非物质工匠工艺、原住民社会网络与生活场景保护，鼓励非物质文化遗产申报。

推进契合村落文化传统的实质性活态利用。以传承优良文化基因与村落精神为导向，鼓励历史建筑产权人和使用人进行适度功能拓展，建设非物质文化遗产保护中心和传承基地，打造可体验、可入住的村落整体活化"博物馆"，设计有利于开展传统文化活动的公共空间，植入文化节庆、创意研发、素质拓展、娱乐体验、教育科普等文化事件。

参考文献

[1] 王民 . 普通高中教科书 地理 必修 第二册 [M]. 北京：中国地图出版社，2019.

[2] 鲁振祥 . 三十年代乡村建设运动的初步考察 [J]. 政治学研究，1987（4）：37–44.

[3] 费孝通 . 中国城乡发展的道路 [J]. 休闲农业与美丽乡村，2001（8）.

[4] 余建忠，董翊明 . 美丽乡村营造之"道"与"器"——"道以载器、器以载道"的浙江乡村振兴内生路径探索 [C]// 中国城市规划学会，杭州市人民政府 . 共享与品质——2018 中国城市规划年会论文集（18 乡村规划）. 北京：中国建筑工业出版社，2018：22.

[5] 董翊明，余建忠，张恒芝等 . 从"一个人的村庄"回归"多个人的村庄"——供需耦合的浙江传统村落结构性供给侧改革思路 [C]// 中国城市规划学会，沈阳市人民政府 . 规划 60 年：成就与挑战——2016 中国城市规划年会论文集（15 乡村规划）. 北京：中国建筑工业出版社，2016：12.

[6] 吴琳，余建忠 . 浙江传统村落空间特征与保护利用探索 [J]. 城市发展研究，2021，28（3）：32–39.

[7] 张建波，余建忠，孔斌 . 浙江省村庄设计经验及典型手法 [J]. 城市规划，2020，44（S1）：47–56.

[8] 张如林，余建忠，蔡健等 . 都市近郊区乡村振兴规划探索——全域土地综合整治背景下桐庐乡村振兴规划实践 [J]. 城市规划，2020，44（S1）：57–66.

[9] 董翊明 . 浙江传统村落的供给侧结构性改革思路——基于需求耦合的视角 [C]// 中国建筑学会建筑史学分会 .2016 年中国建筑史学会年会论文集 . 武汉：武汉理工大学出版社，2016：8.

[10] 王小明 . 传统村落价值认定与整体性保护的实践和思考 [J]. 西南民族大学学报：人文社会科学版，2013，34（2）：156–160.

[11] 曹玮，胡燕，曹昌智 . 推进城镇化应促进传统村落保护与发展 [J]. 城市发展研究，2013（8）.

[12] 胡彬彬，王安安 . 传统村落人文物象体现的造物文化思想解读 [J]. 湖南大学学报：社会科学版，2015（4）：121–126.

[13] 王云才，郭焕成，杨丽 . 北京市郊区传统村落价值评价及可持续利用模式探讨——以北京市门头沟区传统村落的调查研究为例 [J]. 地理科学，2006，26（6）：735–742.

[14] 董翊明，李国华，华俊，等 ."大城市一张床与小城镇一间房"的双向城镇化——浙江萧山瓜沥特色织造小镇内生发展路径探索 [C]// 新常态：传承与变革——2015 中国城市规划年会论文集（15 小城镇规划）.2015.

[15] 王路 . 村落的未来景象：传统村落的经验与当代聚落规划 [J]. 建筑学报，2000，25（11）：16–22.

[16] 李文兵 . 国外传统村落旅游研究及对我国的启示 [J]. 地理与地理信息科学，2009，25（2）：104–108.

[17] 俞霞颖 . 浙江省乡村建设的发展历程及其政策供给研究 [D]. 杭州：浙江工业大学，2017.

[18] 孟广文，Hans Gebhardt. 二战以来联邦德国乡村地区的发展与演变 [J]. 地理学报，2011，66（12）：1644–1656.

[19] 雒海潮，刘荣增 . 国外城乡空间统筹规划的经验与启示 [J]. 世界地理研究，2014，23（2）：69–75.

[20] 王伟强，丁国胜.中国乡村建设实验演变及其特征考察 [J]. 城市规划学刊，2010（2）：79-85.

[21] 王景新.我国新乡村建设的形态、范例、区域差异及应讨论的问题 [J]. 小城镇建设，2006（3）.

[22] 唐园结，申保珍，蒋文龙，等.中国特色的美丽乡村建设之路：聚焦浙江乡村十年蝶变 [N].农民日报，2013-09-14（1）.

[23] 王卓、王璇.川渝城市群城市化对产业结构转型的影响研究——基于京津冀、长三角、珠三角三大城市群的比较 [J]. 西北人口，2021（3）.

[24] 吴振华.城市化、人力资本集聚与产业结构调整 [J].经济体制改革，2020（1）.

[25] 张琛，孔祥智.农村劳动力流动的演变历程、趋势与政策建议 [J].中国特色社会主义研究，2022（3）：31-38.

[26] 王相华.资源外溢承接与内生动力培育：特大城市周边乡村振兴发展的可行路径——以杭州黄湖镇青山村为例 [J].浙江学刊，2021，24（4）：42-50.

[27] 吴丹丹，吴杨，马仁锋，等.浙江美丽乡村空间格局及可持续发展模式研究 [J].世界地理研究，2022，31（2）：363-375.

[28] 林莉.浙江传统村落空间分布及类型特征分析 [D]. 杭州：浙江大学，2015.

[29] 刘明武.道与器的分离——试论老子、孔子从《易》理上的后退 [J].中国文化研究，2000（4）：20-26.

后 记

本书是在全面梳理总结近年来著者完成的省部级、市厅级相关课题——浙江省新时代美丽乡村建设指南、农业农村优先发展体制机制和政策体系研究、浙江省乡村地域风貌特色塑造技术指南、浙派民居风貌塑造技术指南、浙江省改善农村人居环境规划、浙江省域历史文化（传统）村落保护发展规划、浙江省村庄规划编制导则研究、村庄设计典型案例研究等——基础上完成的。在此要特别感谢参与相关课题研究工作的浙江省城乡规划设计研究院各位同事，感谢陈桂秋院长、何青峰处长、邵晨曲处长的大力帮助支持，感谢朱振通、沈颖溢、江勇、赵华勤、张如林、程红波、姚欣、任凌奇、张志敏、孔斌、张静、徐硕含、田园、刘宇真、翁加坤、童岩冰、吴琳、金永洪、张乐益、于婧等诸位同仁在本书创作过程中给予的大力帮助支持！

为建设宜居宜业和美乡村，为浙江美丽乡村建设事业的美好明天，让我们一起携手前行！

余建忠

癸卯年初春日，于杭州，余杭塘上

图书在版编目（CIP）数据

和美乡村建设 浙江路径探索 / 余建忠，董翊明，庞海峰著 . —北京：中国建筑工业出版社，2023.5
ISBN 978-7-112-28741-3

Ⅰ.①和… Ⅱ.①余… ②董… ③庞… Ⅲ.①农村—社会主义建设—研究—浙江 Ⅳ.① F327.55

中国版本图书馆CIP数据核字（2023）第089820号

责任编辑：杜　洁　李玲洁
责任校对：张　颖

和美乡村建设 浙江路径探索
余建忠　董翊明　庞海峰　著
*
中国建筑工业出版社出版、发行（北京海淀三里河路9号）
各地新华书店、建筑书店经销
北京海视强森文化传媒有限公司制版
北京中科印刷有限公司印刷
*
开本：787毫米×1092毫米　1/16　印张：16　字数：286千字
2023年5月第一版　2023年5月第一次印刷
定价：**99.00**元
ISBN 978-7-112-28741-3
（41174）